古典文獻研究輯刊

三四編

潘美月・杜潔祥 主編

第3冊

21世紀遼金史論著目錄（2016～2020年）（上）

周　峰 著

國家圖書館出版品預行編目資料

21 世紀遼金史論著目錄（2016～2020 年）（上）／周峰 著 --
初版 -- 新北市：花木蘭文化事業有限公司，2022〔民 111〕
目 4+150 面；19×26 公分
（古典文獻研究輯刊 三四編；第 3 冊）
ISBN 978-986-518-858-0（精裝）
1.CST：遼史 2.CST：金史 3.CST：專科目錄
011.08 　　　　　　　　　　　　　　　　　110022680

ISBN-978-986-518-858-0

古典文獻研究輯刊
三四編 第三冊 　　　　　　ISBN：978-986-518-858-0

21 世紀遼金史論著目錄（2016～2020 年)（上）

作　　者　周峰
主　　編　潘美月、杜潔祥
總 編 輯　杜潔祥
副總編輯　楊嘉樂
編輯主任　許郁翎
編　　輯　張雅淋、潘玟靜、劉子瑄　美術編輯　陳逸婷
出　　版　花木蘭文化事業有限公司
發 行 人　高小娟
聯絡地址　235 新北市中和區中安街七二號十三樓
　　　　　電話：02-2923-1455／傳真：02-2923-1452
網　　址　http://www.huamulan.tw 信箱 service@huamulans.com
印　　刷　普羅文化出版廣告事業
初　　版　2022 年 3 月
定　　價　三四編 51 冊（精裝）台幣 130,000 元　　版權所有・請勿翻印

21 世紀遼金史論著目錄 (2016 ～ 2020 年) (上)

周峰 著

作者簡介

周峰，男，漢族，1972 年生，河北省安新縣人。中國社會科學院民族學與人類學研究所研究員，歷史學博士，博士生導師。主要從事遼金史、西夏學的研究。出版《完顏亮評傳》《21 世紀遼金史論著目錄（2001～2010 年）》《西夏文〈亥年新法·第三〉譯釋與研究》《奚族史略》《遼金史論稿》《五代遼宋西夏金邊政史》《貞珉千秋——散佚遼宋金元墓誌輯錄》等著作 14 部（含合著），發表論文 90 餘篇。

提　　要

　　本書是對筆者所編《21 世紀遼金史論著目錄（2001～2010 年）》（花木蘭文化出版社，2016 年）、《21 世紀遼金史論著目錄（2011～2015 年）》（花木蘭文化出版社，2017 年）的續編，共收錄中文、日文、英文、韓文四種文字的遼金史論著 4929 條。將全部目錄分為專著、總論、史料與文獻、政治、經濟、民族、人物、元好問、社會、文化、文學、宗教、醫學、歷史地理、考古、文物等共 16 大類，每類下再分細目，如歷史地理下再分概論、地方行政建置、疆域、都城、城址、長城、山川、交通等細目。每條目錄按照序號、篇名、作者、文獻來源的順序編排。

目次

一、專　著

（一）哲學、宗教

1. 金代儒學研究，劉輝著，中國社會科學出版社，2017 年。

2. 金元之際儒學的傳承及思想特點：以東平府學和東平學派為中心，常大群著，社會科學文獻出版社，2019 年。

3. 含英咀華　遼金元時代北族的漢學，王明蓀著，（臺灣）花木蘭文化事業有限公司，2020 年。

4. 文化權力與政治文化：宋金元時期的《中庸》與道統問題，（德）蘇費翔、（美）田浩著，肖永明譯，中華書局，2018 年。

5. 中國美學經典（宋遼金元卷，上下），鄒其昌主編，北京師範大學出版社，2017 年。

6. 中國美育思想通史（宋金元卷），李飛著，山東人民出版社，2017 年。

7. 陝北與隴東金代佛教造像研究，劉振剛著，甘肅教育出版社，2019 年。

8. 金元全真道，張方著，中州古籍出版社，2018 年。

9. 金元之際全真道興盛探究：以丘處機為中心，鍾海連著，江蘇人民出版社，2018 年。

10. 宋金元道教內丹思想研究，松下道信著，（東京）汲古書院，2019 年。

11. 遼金元基督教重要文獻彙編，唐曉峰、尹景旺編譯，宗教文化出版社，2019 年。

（二）政治、法律

12. 五代遼宋西夏金邊政史，周峰著，（臺灣）花木蘭文化事業有限公司，2019 年。

13. 完整的天下經驗：宋遼夏金元之間的互動，韋兵著，北京師範大學出版社，2019 年。

14. 南望：遼朝前期政治與制度研究，林鵠著，生活・讀書・新知三聯書店，2018 年。

15. 中國監察通鑒（宋、遼、金、西夏卷），賀清龍著，人民出版社，2016 年。

16. 遼金職官管理制度研究，武玉環著，人民出版社，2019 年。

17. 守本納新：遼金赦宥制度研究，孫建權著，中國社會科學出版社，2017 年。

18. 10 世紀契丹王朝構建進程的中原因素，鄭毅著，東北大學出版社，2016 年。

19. 遼朝的建立及其邊疆經略：契丹與漠北、中原、東北的地緣政治，鄭毅著，東北大學出版社，2019 年。

20. 遼朝對中原王朝外交思想研究，蔣金玲著，吉林大學出版社，2019 年。

21. 宋遼人物與兩國外交續論，蔣武雄著，（臺灣）花木蘭文化出版社，2017 年。

22. 태평한 변방：고려의對거란 외교와 그 소산，이미지 지음，景仁文化社，2018 年。

23. 渤海と藩鎮——遼代地方統治の研究，高井康典行著，（日）汲古書院，2016 年。

24. 燕雲十六州，高紅清著，北京燕山出版社，2019 年。

25. 金宋關係史研究（增訂本），趙永春著，商務印書館，2019 年。

26. 遼朝社會群體研究，李月新著，內蒙古大學出版社，2017 年。

27. 遼代漢官集團的婚姻與政治，齊偉著，科學出版社，2017 年。

28. 遼朝後族諸問題研究，史風春著，人民出版社，2017 年。

29. 金代從地域到國家的政治文化認同，王耘著，中國社會科學出版社，2017 年。

30. 金朝「異代」文士的民族認同之路，李秀蓮著，中華書局，2017 年。

31. 金代宗室研究，李玉君著，科學出版社，2016 年。

32. 金朝宰相制度研究，孫孝偉著，（臺灣）花木蘭文化出版社，2017 年。

33. 金代吏員研究，王雷著，社會科學文獻出版社，2018 年。

34. 金元之際轉運司制度的變遷，陳志英著，新華出版社，2018 年。

35. 日本學者中國法制史論著選‧宋遼金元卷，楊一凡、寺田浩明主編，中華書局，2016 年。

（三）軍事

36. 經略幽燕：宋遼戰爭軍事災難的戰略分析，曾瑞龍著，浙江大學出版社，2019 年。

（四）經濟

37. 中國貨幣文化傳承與發展——金代交鈔視角，張婧著，中國書籍出版社，2017 年。

38. 中國財政制度史（第三卷，遼代—明代），黃天華著，上海人民出版社、格致出版社，2017 年。

39. 中華茶史‧宋遼金元卷，沈冬梅、黃純豔、孫洪昇著，陝西師範大學出版社，2016 年。

40. 遼代商業研究，程嘉靜著，內蒙古大學出版社，2016 年。

（五）民族

41. 遼金元時期北方漢人上層民族心理研究，符海朝著，中國社會科學出版社，2016 年。

42. 遼金時代異民族支配與渤海人，羅永男（나영남）著，（韓國）新書苑（신서원），2017 年。

43. 奚族史略，周峰著，（臺灣）花木蘭文化出版社，2016 年。

44. 涇川完顏氏傳奇，完顏璽講述整理，吉林人民出版社，2018 年。

（六）文化

45. 中國文化通史‧遼西夏金元卷，任崇岳主編，北京師範大學出版社，2017 年。

46. 北京文化通史：先秦—金代卷，王玲著，中國社會科學出版社，2019 年。

47. 女真と金國の文化，M.B.ヴォロビヨフ著，川崎保、川崎輝美訳，ボロンテ，2018 年。

48. 金代學術文化區域性研究，王萬志著，吉林大學出版社，2018 年。

49. 大金集禮，任文彪點校，浙江大學出版社，2019 年。

50. 東京夢華（宋金元時期），河南博物院編，科學出版社，2017 年。

51. 歷代《輿服志》圖釋・遼金卷，李薇著，東華大學出版社，2016 年。

52. 金代民族服飾的區域性研究，李豔紅著，中國紡織出版社，2017 年。

53. 遼金風俗，宋德金著，上海文藝出版社，2018 年。

54. 遼金元社會與民俗文化，徐連達著，上海社會科學院出版社，2020 年。

55. 金代女性研究，王姝著，吉林文史出版社，2016 年。

（七）醫學

56. 房山石經醫藥養生文獻集成（隋唐至遼代），李良松主編，北京大學醫學出版社，2017 年。

57. 內外傷辨惑論，（金）李東垣著，田翠時校注，中國醫藥科技出版社，2019 年。

58. 儒門事親，（金）張從正著，谷建軍校注，中國醫藥科技出版社，2019 年。

59. 宋金元傷寒著述版本研究，遂銘昕著，中華書局，2020 年。

（八）教育

60. 中國科舉制度通史・遼金元卷，武玉環、高福順、都興智、吳志堅著，上海人民出版社，2017 年。

61. 教育與遼代社會，高福順著，人民出版社，2019 年。

62. 金代教育與科舉研究，蘭婷著，人民出版社，2019 年。

（九）語言、文字

63. 《五音集韻》重文考辨，邱龍昇著，中國社會科學出版社，2019 年。

64. 契丹小字研究，清格爾泰、劉鳳翥、陳乃雄、于寶林、邢復禮著，中國社會科學出版社，2018 年。

65. 契丹語和遼代漢語及其接觸研究，傅林著，商務印書館，2019 年。

66. 契丹文字研究論集，豐田五郎著，武內康則編，（日）松香堂書店，2016 年。

67. 거란소자 사전，김태경 편저，김위현 감수 조선뉴스프레스，2019 년。

68. ロシア・アルハラ河畔の女真大字墨書 女真・契丹文字遺跡をたどって，愛新覚羅烏拉熙春、吉本道雅著，（日本）朋友書店，2017 年。

69. 女真譯語校補和女真字典，劉鳳翥、張少珊、李春敏編著，中西書局，2019 年。

70. 金代女真語，孫伯君著，中國社會科學出版社，2016 年。

71. 女真語文與滿語文比較研究，郭長海、博尔利、王明慧主編，黑龍江人民出版社，2018 年。

（十）文學

72. 中國文學史綱：宋遼金元文學，李修生編著，北京大學出版社，2016 年。

73. 金代家族與金代文學關係研究，楊忠謙著，中國社會科學出版社，2019 年。

74. 金代科舉與文學，裴興安著，中國社會科學出版社，2017 年。

75. 金代國朝文派研究，師瑩著，中國社會科學出版社，2020 年。

76. 王若虛文學研究，何瀟瀟，（臺灣）花木蘭文化事業有限公司，2020 年。

77. 山西地區金代文學家族研究，顧文若著，三晉出版社，2020 年。

78. 金代河朔地區文學研究，魏瑋著，陝西人民出版社，2018 年。

79. 東北遼金文學與遼金時期滿族說部，楊春風著，吉林文史出版社，2016 年。

80. 江西詩法與宋金元文論，曾平著，四川大學出版社，2020 年。

81. 遼金詩學思想研究，張晶著，遼海出版社，2017 年。

82. 遼金詩史，張晶著，遼海出版社，2020 年。

83. 中國詩歌研究史（金元卷），查洪德等著，人民文學出版社，2020 年。

84. 金代詩歌接受史，張靜著，氣象出版社，2019 年。

85. 金元詩學理論研究，文師華著，商務印書館，2018 年。

86. 金詞風貌研究，于東新著，人民文學出版社，2017 年。

87. 金代中期詞研究：國朝文人之情感意涵及創作心態，陶子珍著，（臺灣）秀威經典，2017 年。

88. 金元全真詩詞研究，郭中華著，中國社會科學出版社，2018 年。

89. 金代主要別集散文研究，陳蕾安著，（臺灣）花木蘭文化出版社，2017 年。

90. 遼金元文言小說研究（上下），林溫芳著，（臺灣）秀威經典，2017 年。

91. 中國古代文論讀本·隋唐五代宋金元卷，任競澤、楊新平編著，河南大學出版社，2019 年。

92. 閑閑老人滏水文集，（金）趙秉文著，孫德華點校，科學出版社，2016 年。

93. 王若虛集，（金）王若虛著，馬振君點校，中華書局，2017 年。

94. 元好問與中國詩歌傳統研究，顏慶餘著，上海古籍出版社，2020 年。

95. 元好問對蘇軾的接受與轉化（上下），蕭豐庭著，（臺灣）花木蘭文化出版社，2017 年。

96. 宋金文論與蘇軾接受研究，張進著，中國社會科學出版社，2018 年。

97. 元好問詞評析，姚奠中主編，商務印書館，2016 年。

98. 中國古代文學作品選注：隋唐五代宋遼金元（第三版），謝孟選注，北京大學出版社，2017 年。

99. 杜貴晨文集·第十二卷·宋遼金詩選注，杜貴晨著，（臺灣）花木蘭文化事業有限公司，2019 年。

100. 元好問集，鄭力民導讀，鳳凰出版社，2020 年。

101. 元好問詩注析，王興治注析，三晉出版社，2020 年。

102. 中州集校注（全 8 冊），（金）元好問編，張靜校注，中華書局，2018 年。

103. 樂府續集（宋代卷遼代卷金代卷），郭麗、吳相洲編撰，上海古籍出版社，2020 年。

104. 遼金元詩話全編（全四冊），吳文治主編，鳳凰出版社，2017 年。

105. 金代詩論輯存校注（上下），胡傳志校注，人民文學出版社，2017 年。

106. 唐宋詞鑒賞詞典：南宋 遼 金，上海辭書出版社文學鑒賞辭典編纂中心編，上海辭書出版社，2016 年。

107. 全金元詞，唐圭璋編，中華書局，2018 年。

108. 金元明清詞精選，嚴迪昌編選，鳳凰出版社，2018 年。

109. 遼金元宮詞，柯九思等著，陳高華點校，北京出版社，2018 年。

110. 金元明清詞鑒賞辭典，鍾振振主編，商務印書館國際有限公司，2019
　　　年。

111. 巫山詩文・遼金元部分：詩詞戲曲部（下），滕新才、張華林編注，重
　　　慶出版社，2016年。

（十一）藝術

112. 遼金皇家藝術工程研究，張鵬著，浙江大學出版社，2019年。

113. 遼代墓室人物壁畫主題研究，葛易航著，黑龍江美術出版社，2020年。

114. 中原北方地區宋金墓葬藝術研究，鄧菲著，文物出版社，2019年。

115. 中國歷代樂論（宋遼金卷），李方元編，灘江出版社，2019年。

116. 中國古代契丹—遼音樂文化考察與研究，陳秉義，楊娜妮著，上海三聯
　　　書店，2018年。

117. 中國古代契丹—遼音樂史料圖文集，陳秉義著，上海三聯書店，2018
　　　年。

118. 遼金彩塑（全四冊），張明遠編著，山西人民出版社，2019年。

119. 宋遼夏金裝飾紋樣研究，谷莉著，中國戲劇出版社，2017年。

（十二）歷史

120. 中國通史（第四卷・遼西夏金元），張國旺、劉曉著，華夏出版社，2016
　　　年。

121. 宋遼金夏元史，鄧之誠著，北京理工大學出版社，2016年。

122. 中華大典・政治典・宋遼夏金政治分典，譚景玉主編，人民出版社，2018
　　　年。

123. 宋遼金元史講稿，柴德賡著，商務印書館，2016年。

124. 宋遼金元明史劄錄，呂思勉著，上海古籍出版社，2020年。

125. 黃金時代——圖說兩宋遼金，辛更儒著，商務印書館，2016年。

126. 中華上下五千年・七・北宋遼金南宋元明：彩繪注音版，李燕改編，二
　　　十一世紀出版社，2016年。

127. 寫給孩子的中國歷史故事：兩宋遼金（全彩版），邢越主編，天地出版
　　　社，2017年。

128. 遼夏金元小史，邱樹森著，北京人民出版社，2019年。

129. 中華上下五千年‧兩宋遼金，龔勳著，黑龍江少年兒童出版社，2016年。

130. 遼金：你的蹄音，丁宗皓、劉玉瑋主編，遼寧人民出版社，2019 年。

131. 遼史（點校本二十四史修訂本），（元）脫脫等撰，馮家昇、陳述點校，劉浦江主持修訂，中華書局，2016 年。

132. 金史（點校本二十四史修訂本），（元）脫脫等撰，傅樂煥、張政烺點校，程妮娜主持修訂，中華書局，2020 年。

133. 今注本二十四史‧金史（全 18 冊），（元）脫脫著，張博泉、程妮娜等注，中國社會科學出版社，2020 年。

134. 遼代史話，陳述著，北京人民出版社，2019 年。

135. 契丹簡史，張正明著，中華書局，2019 年。

136. 契丹簡史，蘇伶著，民主與建設出版社，2016 年。

137. 契丹歷史編年，黃為放編著，科學出版社，2017 年。

138. 大遼王朝，劉學銚著，陝西人民出版社，2019 年。

139. 揭秘契丹遼王朝（一）：契丹建國，劉喜民、劉浩然著，內蒙古人民出版社，2017 年。

140. 揭秘契丹遼王朝（二）：澶淵之盟，劉喜民、劉浩然著，內蒙古人民出版社，2017 年。

141. 揭秘契丹遼王朝（三）：盛世大遼，劉喜民、劉浩然著，內蒙古人民出版社，2017 年。

142. 揭秘契丹遼王朝（四）：契丹殤亡，劉喜民、劉浩然著，內蒙古人民出版社，2017 年。

143. 契丹史，武玉環著，中國社會科學出版社，2019 年。

144. 東丹史，都興智著，中國社會科學出版社，2019 年。

145. 阜新契丹史略，賴寶成、張志勇著，遼寧大學出版社，2016 年。

146. 金上京史話，王永年著，東北林業大學出版社，2016 年。

147. 遼金故地軼事：拾遺黃龍府文化，侯樹槐編著，吉林文史出版社，2016年。

148. 遼塔的見證：文述黃龍府文化，侯樹槐編著，吉林文史出版社，2016 年。

149. 鐵嶺遼金古城文化研究，劉文革編著，遼海出版社，2016 年。

150. 遼代春捺缽遺跡文化述要，梁維著，吉林人民出版社，2019 年。

151. 金初三十八年，都興智著，黑龍江教育出版社，2019 年。

152. 金源女真的英雄時代，李秀蓮著，社會科學文獻出版社，2018 年。

153. 黑龍江通史·遼金卷，程妮娜著，社會科學文獻出版社，2019 年。

154. 遼金生活史話，韓世明著，東北大學出版社，2017 年。

155. 遼金蒙古時期燕京史料編年·元大都創建史料編年，徐蘋芳編著，北京聯合出版公司，2017 年。

156. 遼金行記九種·輯本攬轡錄，（宋）胡嶠等著，徐蘋芳整理，北京聯合出版公司，2017 年。

157. 奉使遼金行程錄（增訂本），趙永春輯注，商務印書館，2017 年。

158. 《遼史》探源，苗潤博著，中華書局，2020 年。

159. 《金史》纂修考，邱靖嘉著，中華書局，2017 年。

（十三）地理

160. 遼金元時期北京城市研究，諸葛淨著，東南大學出版社，2016 年。

（十四）考古文物

161. 遼代墓葬的考古學研究，劉未著，科學出版社，2016 年。

162. 祖州城　內蒙古滿其格山遼代古城址的考古學歷史學發掘調查報告，（日）島田正郎著，李彥朴、鞠冰梅、陳立乾譯，李俊義、王玉亭、邊秀麗校注，內蒙古大學出版社，2016 年。

163. 遼代鐵器考古研究，馮永謙著，遼寧教育出版社，2018 年。

164. 古絲綢之路與遼代文物考古研究，王姝著，吉林文史出版社，2016 年。

165. 一本書讀懂契丹，蘇伶著，（臺灣）海鴿文化出版圖書有限公司，2018 年。

166. 營口遼金考古，魏耕雲、崔豔茹著，江蘇鳳凰美術出版社，2017 年。

167. 北京及周邊地區遼代壁畫墓研究，黃小鈺著，科學出版社，2019 年。

168. 大同東風里遼代壁畫墓，江偉偉主編，文物出版社，2016 年。

169. 大遼風韻：通遼地區遼代墓畫墓飾，李鵬著，吉林大學出版社，2017 年。

170. 臨汾西趙——隋唐金元明清墓葬，山西省考古研究所、臨汾市文物旅遊局編著，科學出版社，2017 年。

171. 甘肅境內宋金元墓葬的調查、整理與研究，郭永利著，科學出版社，2019 年。

172. 前郭塔虎城——2000 年考古發掘報告，吉林省文物考古研究所、吉林大學邊疆考古研究中心編著，科學出版社，2017 年。

173. 白城永平遼金遺址 2009～2010 年度發掘報告，吉林省文物考古研究所編著，科學出版社，2016 年。

174. 柳孜運河遺址第二次考古發掘報告，安徽省文物考古研究所、濉溪縣文物事業管理局、淮北市博物館編著，科學出版社，2017 年。

175. 延安宋金石窟調查與研究，石建剛著，甘肅教育出版社，2020 年。

176. 遼代金銀器研究，王春燕著，科學出版社，2020 年。

177. 中國歷代服飾文物圖典：遼金西夏 元代，高春明著，上海辭書出版社，2019 年。

178. 契丹王朝：大遼五京精品文物展，大同市博物館編，山西人民出版社，2019 年。

179. 西京印跡——大同遼金文物，北京遼金城垣博物館編，北京聯合出版公司，2016 年。

180. 契丹印象：遼代文物精品展，廣東省博物館、內蒙古博物館、內蒙古自治區文物考古研究所編，嶺南美術出版社，2020 年。

181. 金顏永晝：康平遼代契丹貴族墓專題，北京遼金城垣博物館編，北京聯合出版公司，2019 年。

182. 金戲磚影——金代山西戲曲磚雕藝術展，北京遼金城垣博物館編，北京燕山出版社，2020 年。

183. 西京風華——遼金元民族融合文化展，大同市博物館編，山西人民出版社，2020 年。

184. 西京瓷韻——大同市博物館藏遼金元瓷器，大同市博物館編，安徽美術出版社，2018 年。

185. 山西河津窯研究，中國古陶瓷學會編，科學出版社，2019 年。

186. 河津窯磁枕，河津市文物保護服務中心、山西省考古研究院、西漢南越王墓博物館編著，科學出版社，2020 年。

187. 魯山段店窯遺珍，河南省文物考古研究院、平頂山博物館、魯山縣段店窯文化研究所編著，科學出版社，2017 年。

188. 華瓷吉彩：黃驊市海豐鎮遺址出土文物，吉林大學邊疆考古研究中心、河北省文物研究所、黃驊市博物館編著，科學出版社，2016 年。

189. 遼代磚塔，陳伯超、趙兵兵、馬鵬飛、王南著，華中科技大學出版社，2018 年。

190. 天宮法藏————遼慶州塔天宮出土文物菁華，巴林右旗博物館編，科學出版社，2017 年。

191. 契丹尋蹤：我的拓碑之路，劉鳳翥著，商務印書館，2016 年。

192. 千年絕學——契丹文字碑拓精品展，劉鳳翥編，澳門書法篆刻協會，2019 年。

193. 日本京都大學藏中國歷代文字碑刻拓本·宋遼金碑刻，新疆美術攝影出版社，2016 年。

194. 貞珉千秋——散佚遼宋金元墓誌輯錄，周峰編，甘肅教育出版社，2020 年。

195. 蒙古貞遼代墓誌，胡娟、童立紅主編，遼寧大學出版社，2018 年。

196. 金元全真道碑刻集萃，趙衛東、陳法永主編，山東大學出版社，2020 年。

197. 金代官印文獻資料彙編，孫文政主編，中國文史出版社，2019 年。

198. 遼金花錢，賈福玲著，瀋陽出版社，2019 年。

（十五）人物傳記

199. 《二十五史》故事系列（4）契丹戰神耶律休哥，張俊紅主編，新疆美術攝影出版社，2016 年。

200. 元好問傳，朱東潤著，華中科技大學出版社，2019 年。

（十六）論文集

201. 隋唐遼宋金元史論叢（第七輯），中國社會科學院歷史所魏晉南北朝隋唐史研究室、宋遼金元史研究室編，上海古籍出版社，2017 年。

202. 隋唐遼宋金元史論叢（第八輯），中國社會科學院歷史所魏晉南北朝隋唐史研究室、中國社會科學院歷史所宋遼金元史研究室編，上海古籍出版社，2018 年。

203. 隋唐遼宋金元史論叢（第九輯），中國社會科學院歷史所魏晉南北朝隋唐史研究室、中國社會科學院歷史所宋遼金元史研究室編，上海古籍出版社，2019 年。

204. 隋唐遼宋金元史論叢（第十輯），中國社會科學院古代史研究所隋唐五代十國史研究室、宋遼西夏金史研究室、元史研究室編，上海古籍出版社，2020 年。

205. 遼金史論集（第十四輯），韓世明、孔令海主編，中國社會科學出版社，2016 年。

206. 遼金史論集（第十五輯），劉寧、齊偉主編，科學出版社，2017 年。

207. 遼金史論集（第十六輯），韓世明主編，黑龍江人民出版社，2017 年。

208. 遼金史論集（第十七輯），賈淑榮、韓世明主編，中國社會科學出版社，2019 年。

209. 遼金歷史與考古（第七輯），遼寧省博物館、遼寧省遼金契丹女真史研究會編，遼寧教育出版社，2017 年。

210. 遼金歷史與考古（第八輯），遼寧省博物館、遼寧省遼金契丹女真史研究會編，科學出版社，2017 年。

211. 遼金歷史與考古（第九輯），遼寧省博物館、遼寧省遼金契丹女真史研究會編，科學出版社，2018 年。

212. 遼金歷史與考古（第十輯），遼寧省博物館、遼寧省遼金契丹女真史研究會編，科學出版社，2019 年。

213. 遼金歷史與考古（第十一輯），遼寧省博物館、遼寧省遼金契丹女真史研究會編，科學出版社，2020 年。

214. 契丹遼文化論集（乙編），孫國軍、雷德榮主編，內蒙古大學出版社，2016 年。

215. 契丹學研究（第一輯），任愛君主編，商務印書館，2019 年。

216. 平泉契丹敘論新編（第一輯），平泉契丹文史研究會編印，2019 年。

217. 十至十三世紀東亞史的新可能性：首屆中日青年學者遼宋西夏金元史研討會論文集，余蔚、平田茂樹、溫海清主編，中西書局，2018 年。

218. 東亞都城和帝陵考古與契丹遼文化國際學術研討會論文集，董新林主編，科學出版社，2016 年。

219. 宋遼金元玉器研究學術研討會論文集，天津博物館編，科學出版社，2018 年。

220. 陝北歷史文化暨宋代府州折家將歷史文化學術研討會論文集，折武彥、高建國主編，陝西人民出版社，2016 年。

221. 契丹史論叢，王民信著，學海出版社，2016 年。

222. 歷史的瞬間：從宋遼金人物談到三寸金蓮，陶晉生著，九州出版社，2019 年。

223. 遼宋金元史暨民族歷史文化論叢——李桂芝教授八十華誕紀念文集，李大龍主編，東方出版社，2020 年。

224. 宋遼金史論集，劉浦江著，中華書局，2017 年。

225. 遼金史論，劉浦江著，中華書局，2019 年。

226. 遼金元史學與思想論稿（修訂版），王明蓀著，（臺灣）花木蘭文化事業有限公司，2020 年。

227. 遼金元史論文稿（修訂版），王明蓀著，（臺灣）花木蘭文化事業有限公司，2020 年。

228. 宋遼西夏金史青藍集，李華瑞主編，中國社會科學出版社，2017 年。

229. 遼金史論稿，周峰著，（臺灣）花木蘭文化出版社，2017 年。

230. 幽燕畫卷：北京史論稿，周峰、范軍著，（臺灣）花木蘭文化事業有限公司，2019 年。

231. 遼金西夏碑刻研究，周峰著，甘肅文化出版社，2020 年。

232. 金・女真の歴史とユーラシア東方（アジア遊學，233），古松崇志〔ほか〕編，勉誠出版，2019 年。

233. 大節落落 高文炳炳——劉浦江教授紀念文集，鄧小南、榮新江、張帆主編，中華書局，2016 年。

（十七）工具書

234. 中國遼夏金研究年鑒 2014，史金波、宋德金主編，中國社會科學出版社，2016 年。

235. 中國遼夏金研究年鑒 2015，史金波、宋德金主編，中國社會科學出版社，2017 年。

236. 中國遼夏金研究年鑒 2016，史金波、宋德金主編，中國社會科學出版社，2018 年。

237. 中國遼夏金研究年鑒 2017，史金波、宋德金主編，中國社會科學出版社，2020 年。

238. 中國遼夏金研究年鑒 2018，史金波、宋德金主編，中國社會科學出版社，2020 年。

239. 遼金西夏研究（2014～2015），景愛主編，中國文史出版社，2017 年。

240. 21 世紀遼金史論著目錄（2001～2010 年）（上下），周峰編，（臺灣）花木蘭文化出版社，2016 年。

241. 21 世紀遼金史論著目錄（2011～2015 年），周峰編，（臺灣）花木蘭文化出版社，2017 年。

二、總　論

（一）研究綜述

242. 遼史研究學術史回顧，宋德金，文匯報，2016 年 5 月 6 日 W10 版。

243. 遼史研究學術史回顧，宋德金，中國遼夏金研究年鑒 2016，中國社會科學出版社，2018 年。

244. 內亞史視野下的遼史研究，孫昊，文匯報，2016 年 5 月 6 日 W13 版。

245. 遼史研究的現狀與未來，單穎文，文匯報，2016 年 5 月 6 日 W08 版。

246. 契丹歷史研究的現狀與未來，孫國軍，赤峰學院學報（漢文哲學社會科學版），2016 年第 2 期。

247. 試論契丹學的形成與發展，楊福瑞，赤峰學院學報（漢文哲學社會科學版），2017 年第 5 期。

248. 傳承與發展：契丹學學術史的回顧與反思，孫國軍、楊福瑞，赤峰學院學報（漢文哲學社會科學版），2018 年第 10 期。

249. 海外契丹學研究管窺——基於對英文論文的梳理，劉銀成，遼金歷史與考古（第十一輯），科學出版社，2020 年。

250. 2013 年遼史研究綜述，白剛，西部學刊，2016 年第 5 期。

251. 2014 年遼宋西夏金元經濟史研究綜述，李華瑞，中國史研究動態，2016 年第 1 期。

252. 2014 年遼史研究綜述，楊軍、陳俊達，中國遼夏金研究年鑒 2014，中國社會科學出版社，2016 年。

253. 2014 年遼史研究，紀楠楠、王德忠，遼金西夏研究（2014～2015），中國文史出版社，2018 年。

254. 2014 年遼金文學研究，胡傳志、裴興榮，遼金西夏研究（2014～2015），中國文史出版社，2018 年。

255. 2014 年金史研究綜述，程妮娜、王晶，中國遼夏金研究年鑒 2014，中國社會科學出版社，2016 年。

256. 2014 年金史研究，白剛、趙永春，遼金西夏研究（2014～2015），中國文史出版社，2018 年。

257. 2015 年遼金西夏史研究綜述，周峰，中國史研究動態，2016 年第 6 期。

258. 2015 年遼金文學研究，胡傳志、裴興榮，遼金西夏研究（2014～2015），中國文史出版社，2018 年。

259. 2015 年遼史研究綜述，鄧京、高俐，中國遼夏金研究年鑒 2015，中國社會科學出版社，2017 年。

260. 2015 年遼史研究，紀楠楠、王德忠，遼金西夏研究（2014～2015），中國文史出版社，2018 年。

261. 2015 年金史研究綜述，程妮娜、郭曉東，中國遼夏金研究年鑒 2015，中國社會科學出版社，2017 年。

262. 2015 年金史研究，白剛，趙永春，遼金西夏研究（2014～2015），中國文史出版社，2018 年。

263. 2015 年金代文物考古研究綜述，郭曉東，中國遼夏金研究年鑒 2015，中國社會科學出版社，2017 年。

264. 2016～2019 年中國遼金史研究評述，程尼娜，中國史研究動態，2020 年第 3 期。

265. 2016 年遼史研究綜述，劉曉飛、田廣林，中國遼夏金研究年鑒 2016，中國社會科學出版社，2018 年。

266. 2016 年金史研究綜述，趙永春、白剛，中國遼夏金研究年鑒 2016，中國社會科學出版社，2018 年。

267. 2017 年遼史研究綜述，里景林，中國遼夏金研究年鑒 2017，中國社會科學出版社，2020 年。

268. 2017 年金史研究綜述，劉智博，中國遼夏金研究年鑒 2017，中國社會科學出版社，2020 年。

269. 2018 年宋遼金文學研究綜述，馬東瑤、王潤英，古代文學前沿與評論（第四輯），社會科學文獻出版社，2020 年。

270. 2018 年遼史研究綜述，邊昊、吳鳳霞，中國遼夏金研究年鑒 2018，中國社會科學出版社，2020 年。

271. 2018 金史研究綜述，苗霖霖，中國遼夏金研究年鑒 2018，中國社會科學出版社，2020 年。

272. 2011～2016 年日本的遼金史研究，高井康典行著，張冰譯，程妮娜校，中國遼夏金研究年鑒 2015，中國社會科學出版社，2017 年。

273. 2001～2015 年遼代陶瓷研究綜述，王馨瑤，赤峰學院學報（漢文哲學社會科學版），2018 年第 7 期。

274. 深入推進宋遼夏金史研究的思考，史金波，河北學刊，2020 年第 5 期。

275. 走向深化：遼宋夏金史研究展望，包偉民，文史哲，2019 年第 5 期。

276. 遼金史研究中的「大宋史」，景愛，理論觀察，2017 年第 7 期。

277. 遼金史研究中的「大宋史」，景愛，遼金西夏研究（2014～2015），中國文史出版社，2018 年。

278. 遼金史研究中出現的紕漏，景愛、陳曉敏，遼金西夏研究（2014～2015），中國文史出版社，2018 年。

279. 問題更新與範式轉換：契丹早期史百年研究述評，苗潤博，唐宋歷史評論（第 6 輯），社會科學文獻出版社，2019 年。

280. 中國社會科學院歷史研究所的遼金史研究，關樹東，中國遼夏金研究年鑒 2015，中國社會科學出版社，2017 年。

281. 21 世紀以來臺灣遼金史研究概況，曹文瀚，中國遼夏金研究年鑒 2014，中國社會科學出版社，2016 年。

282. 21 世紀中國學界遼金政治制度史研究的回顧與展望，王征，赤峰學院學報（漢文哲學社會科學版），2020 年第 1 期。

283. 唐與契丹和親研究綜述，高嘉懋，佳木斯大學社會科學學報，2019 年第 3 期。

284. 契丹早期歷史研究綜述，辛時代，中國遼夏金研究年鑒 2018，中國社會科學出版社，2020 年。

285. 遼朝的歷史作用研究綜述，盧修龍，佳木斯大學社會科學學報，2019 年第 3 期。

286. 關於遼朝「一國兩制」研究的回顧與思考，張志勇，遼金歷史與考古（第十輯），科學出版社，2019 年。

287. 關於遼朝「一國兩制」研究的回顧與思考，張志勇，中國遼夏金研究年鑒 2018，中國社會科學出版社，2020 年。

288. 遼朝國家祭祀研究回顧與展望，孔維京，黑龍江民族叢刊，2020 年第 6 期。

289. 遼朝「因俗而治」研究述評，吳翔宇，中國遼夏金研究年鑒 2014，中國社會科學出版社，2016 年。

290. 新世紀以來遼代東北亞關係研究綜述——遼朝境內區域關係篇，張儒婷，中國民族博覽，2018 年第 10 期。

291. 部落聯盟‧國家‧酋邦：契丹早期社會形態研究述評，耿濤，哈爾濱師範大學社會科學學報，2018 年第 1 期。

292. 遼朝「橫帳」問題研究綜述，王紫娟，佳木斯大學社會科學學報，2019 年第 4 期。

293. 遼宋関係史研究の整理と「境界」問題に関する今後の展望，洪性珉，史観（178），2018 年 3 月。

294. 歸去來——契丹歸明人研究的回顧與前瞻，曹流、楊驛，遼金歷史與考古（第十輯），科學出版社，2019 年。

295. 遼宋間諜研究述評，武文君，中國遼夏金研究年鑒 2017，中國社會科學出版社，2020 年。

296. 20 世紀 80 年代以來金宋交聘研究述評，姚喆，中國遼夏金研究年鑒 2016，中國社會科學出版社，2018 年。

297. 關山初度路猶長——20 世紀以降遼朝禮制研究綜述，王凱，黑龍江民族叢刊，2016 年第 6 期。

298. 金代禮制研究綜述，徐潔，通化師範學院學報，2017 年第 11 期。

299. 遼金時期廉政建設研究綜述，林娜，東北史地，2016 年第 3 期。

300. 遼金法制史研究綜述，石元青，中國遼夏金研究年鑒 2015，中國社會科學出版社，2017 年。

301. 遼朝法律制度研究綜述，田富，赤峰學院學報（漢文哲學社會科學版），2020 年第 3 期。

302. 推進遼代法律文化研究的思考，李文軍，中國民族報，2020 年 2 月 11 日第 6 版。

303. 遼代司法機構研究綜述，李玉君、謝環環，吉林師範大學學報（人文社會科學版），2016 年第 3 期。

304. 突破難點　團結創新──積極推進遼代政權機構史研究，何天明，赤峰學院學報（漢文哲學社會科學版），2017 年第 1 期。

305. 遼代節鎮體制研究述評（上），陳俊達，赤峰學院學報（漢文哲學社會科學版），2019 年第 2 期。

306. 遼代節鎮體制研究述評（下），陳俊達，赤峰學院學報（漢文哲學社會科學版），2019 年第 3 期。

307. 20 世紀 80 年代以來金代官制研究回顧，胡珀，遵義師範學院學報，2019 年第 6 期。

308. 金代官吏選任考核研究綜述，田曉雷，中國遼夏金研究年鑒 2015，中國社會科學出版社，2017 年。

309. 金代封爵制度研究綜述，孫紅梅，中國遼夏金研究年鑒 2016，中國社會科學出版社，2018 年。

310. 金代駙馬研究綜述，姜雨，佳木斯大學社會科學學報，2020 年第 1 期。

311. 金代禮部研究綜述，孫久龍，中國遼夏金研究年鑒 2016，中國社會科學出版社，2018 年。

312. 20 世紀以來紅襖軍研究綜述，曹文瀚，宋史研究論叢（第二十輯），科學出版社，2017 年。

313. 21 世紀中國學界遼金經濟史研究回顧與展望，孫瑞陽，赤峰學院學報（漢文哲學社會科學版），2020 年第 1 期。

314. 二十世紀以來的遼金農牧業史研究綜述，劉壯壯，中國社會經濟史研究，2018 年第 2 期。

315. 遼朝農業研究綜述，陸旭超，契丹學研究（第一輯），商務印書館，2019 年。

316. 遼代遼東區域經濟研究綜述，李世浩，中國遼夏金研究年鑒 2017，中國社會科學出版社，2020 年。

317. 遼代賦稅研究綜述，王璐瑤，中國史研究動態，2020 年第 5 期。

318. 金代貨幣制度與政策研究綜述，王雷、趙少軍，中國史研究動態，2016年第 1 期。

319. 金代貨幣制度與政策研究綜述，王萬志、趙少軍，中國遼夏金研究年鑒2016，中國社會科學出版社，2018 年。

320. 21 世紀中國學界遼金民族關係研究回顧與展望，趙雅潔，赤峰學院學報（漢文哲學社會科學版），2020 年第 2 期。

321. 20 世紀以來契丹族源研究述評，郭曉東，遼寧工程技術大學學報（社會科學版），2017 年第 2 期。

322. 雲南契丹後裔研究述評，達福興，保山學院學報，2018 年第 3 期。

323. 20 世紀美國學界女真研究概述，許桂紅、霍明琨，中國遼夏金研究年鑒2014，中國社會科學出版社，2016 年。

324. 20 世紀美國學界女真研究概述，霍明琨、許桂紅，遼金史論集（第十五輯），科學出版社，2017 年。

325. 21 世紀中國學界遼金社會史研究回顧與展望，陳園園，赤峰學院學報（漢文哲學社會科學版），2020 年第 1 期。

326. 遼西夏金宗族研究綜述，王善軍、郝振宇，宋史研究論叢（第二十二輯），科學出版社，2018 年。

327. 遼宋西夏金元日常生活史研究概述，王善軍，中國社會歷史評論（第 17卷下），天津古籍出版社，2016 年。

328. 遼宋西夏金元日常生活史研究概述，王善軍，中國遼夏金研究年鑒2016，中國社會科學出版社，2018 年。

329. 遼代春捺鉢研究綜述，季言、姜維公，長春師範大學學報，2017 年第 5期。

330. 金代婦女研究綜述，王姝，中國遼夏金研究年鑒 2016，中國社會科學出版社，2018 年。

331. 20 世紀以來金代婦女研究綜述，王姝，婦女研究論叢，2016 年第 2 期。

332. 21 世紀中國學界遼金文化史研究的回顧與展望，孔令楠，赤峰學院學報（漢文哲學社會科學版），2020 年第 2 期。

333. 1987 年後臺灣有關歐亞草原文化交流之研究回顧——以秦漢至遼金元時期為主，胡志佳，北方民族考古（第 3 輯），科學出版社，2016 年。

334. 簡述近六十年的遼金史學研究，劉天明，卷宗，2019 年第 13 期。

335. 21 世紀以來的《金史》研究綜述，里景林，遼金歷史與考古（第十輯），科學出版社，2019 年。

336. 40 年來學界對宋人出使遼金《行程錄》的研究，侯瑩瑩，廊坊師範學院學報（社會科學版），2019 年第 4 期。

337. 遼金元時期童蒙教育研究的幾點思考，蔡春娟，中國史研究動態，2020 年第 1 期。

338. 20 世紀以來遼朝教育研究的進展與學術反思，高福順，中國史研究動態，2020 年第 1 期。

339. 二十世紀以來的金代科舉研究述評，蔣金玲、張超，中國遼夏金研究年鑒 2018，中國社會科學出版社，2020 年。

340. 契丹文字概述，吳英喆，中國遼夏金研究年鑒 2017，中國社會科學出版社，2020 年。

341. 徐文堪談契丹語文的全球研究，單穎文，文匯報，2016 年 8 月 26 日 T15 版。

342. 契丹文字研究有待突破，段丹潔，中國社會科學報，2019 年 4 月 24 日第 2 版。

343. 近八十年來契丹大字研究綜述，張少珊，中國遼夏金研究年鑒 2014，中國社會科學出版社，2016 年。

344. 「幺」字研究述評，李俊，長春師範大學學報，2018 年第 9 期。

345. 21 世紀以來國內女真語言文字研究述略，張亭立，中國遼夏金研究年鑒 2014，中國社會科學出版社，2016 年。

346. 遼代書法研究綜述，李雅茹，白城師範學院學報，2019 年第 1、2 期。

347. 遼金文學研究前沿成果綜述（2010～2015 年），王永、張曉東，江蘇大學學報（社會科學版），2016 年第 3 期。

348. 遼金文學研究前沿成果綜述（2010～2016），王永、張桐，中國遼夏金研究年鑒 2016，中國社會科學出版社，2018 年。

349. 遼代契丹族文學研究述評，花興，內蒙古民族大學學報（社會科學版），2018 年第 5 期。

350. 金代文學輯佚與考訂成果綜述——以《全遼金詩》《全金元詞》《全遼金文》為基礎，張桐，內江師範學院學報，2018 年第 1 期。

351. 七十年來中國大陸金代文學研究論著述評（一），裴興榮，名作欣賞，2019 年第 25 期。

352. 七十年來中國大陸金代文學研究論著述評（二），裴興榮，名作欣賞，2019 年第 28 期。

353. 七十年來中國大陸金代文學研究論著述評（三），裴興榮，名作欣賞，2019 年第 31 期。

354. 七十年來中國大陸金代文學研究論著述評（四），裴興榮，名作欣賞，2019 年第 34 期。

355. 元好問散文研究七十年綜述及展望，于東新，名作欣賞，2019 年第 34 期。

356. 遼代契丹宗教信仰研究述評，邱冬梅，中國遼夏金研究年鑒 2018，中國社會科學出版社，2020 年。

357. 遼契丹薩滿教信仰研究綜述，邱冬梅，中國遼夏金研究年鑒 2016，中國社會科學出版社，2018 年。

358. 20 世紀 50 年代以來遼代佛教研究述評，王德朋，史學月刊，2019 年第 7 期。

359. 近二十年遼金時期的山西佛教研究述評，張玥，佳木斯大學社會科學學報，2020 年第 6 期。

360. 遼代佛教建築研究綜述，褚信坤，建築與裝飾，2020 年第 5 期。

361. 21 世紀中國學界遼金歷史地理研究回顧與展望，李玉磊，赤峰學院學報（漢文哲學社會科學版），2020 年第 2 期。

362. 清代遼史地理學研究，張劍，揚州大學碩士學位論文，2018 年。

363. 遼代長城地理位置研究綜述，陳笑竹，黑河學院學報，2017 年第 11 期。

364. 唐代及其遼金室韋諸部地理分布研究綜述，吳博，黑龍江民族叢刊，2017 年第 2 期。

365. 遼代木葉山研究述論，姜建初、姜維公，長春師範大學學報，2019 年第 5 期。

366. 內蒙古地區遼代城址研究綜述，魏孔、趙曉峰，遼金歷史與考古（第八輯），科學出版社，2017 年。

367. 二十世紀以來遼金五京研究綜述，張意承、李玉君，黑龍江民族叢刊，2019 年第 3 期。

368. 20 世紀「黃龍府」研究綜述，姜維東、黃為放，東北亞研究論叢（九），東北師範大學出版社，2016 年。

369. 金上京研究綜述，王天姿，中國遼夏金研究年鑒 2015，中國社會科學出版社，2017 年。

370. 東北亞絲綢之路金上京研究綜述，王天姿，新絲路學刊（總第 9 期），社會科學文獻出版社，2020 年。

371. 金代東京路研究綜述，王甜，中國遼夏金研究年鑒 2017，中國社會科學出版社，2020 年。

372. 遼代頭下軍州研究綜述，李進欣，遼金歷史與考古（第九輯），科學出版社，2018 年。

373. 2000 年以來遼金考古發現綜述，王慧，中國遼夏金研究年鑒 2014，中國社會科學出版社，2016 年。

374. 內蒙古遼代考古綜述，蓋之庸、李權，草原文物，2019 年第 1 期。

375. 河北宣化遼墓研究綜述，郝艾利，中國遼夏金研究年鑒 2017，中國社會科學出版社，2020 年。

376. 改革開放以來瀋陽地區遼金考古綜述，趙曉剛，中國遼夏金研究年鑒 2018，中國社會科學出版社，2020 年。

377. 遼金元時期壁畫研究綜述概要，王天姿、王禹浪，滿族研究，2016 年第 1 期。

378. 宋元墓葬中二十四孝圖像研究綜述，李慶玲，河南工程學院學報（社會科學版），2018 年第 4 期。

379. 波士頓美術博物館遼朝銀冠研究述論，劉銀成，中國遼夏金研究年鑒 2014，中國社會科學出版社，2016 年。

380. 金朝墓誌研究述論，苗霖霖，中國史研究動態，2019 年第 2 期。

381. 金代官印研究述評，任永幸，理論觀察，2019 年第 9 期。

（二）學術活動

382. 在「十至十二世紀東亞都城和帝陵考古與契丹遼文化國際學術研討會」開幕式上的致辭，高希華，東亞都城和帝陵考古與契丹遼文化國際學術研討會論文集，科學出版社，2016 年。

383. 在「十至十二世紀東亞都城和帝陵考古與契丹遼文化國際學術研討會」
開幕式上的致辭，白雲翔，東亞都城和帝陵考古與契丹遼文化國際學術
研討會論文集，科學出版社，2016 年。

384. 在「十至十二世紀東亞都城和帝陵考古與契丹遼文化國際學術研討會」
開幕式上的致辭，佐川正敏，東亞都城和帝陵考古與契丹遼文化國際學
術研討會論文集，科學出版社，2016 年。

385. 「十至十二世紀東亞都城和帝陵考古與契丹遼文化國際學術研討會」紀
要，董新林、汪盈，東亞都城和帝陵考古與契丹遼文化國際學術研討會
論文集，科學出版社，2016 年。

386. 「中世紀都城和草原絲路與契丹遼文化國際學術研討會」會議紀要，
莫陽、董新林，中國遼夏金研究年鑒 2018，中國社會科學出版社，2020
年。

387. 第十二屆遼金契丹女真史學術研討會綜述，韓世明，中國遼夏金研究年
鑒 2014，中國社會科學出版社，2016 年。

388. 第十三屆中國遼金契丹女真史年會簡訊，周國琴，中國史研究動態，
2017 年第 3 期。

389. 中國民族史學會遼金暨契丹女真史分會第十三屆學術年會暨中國・綏
濱首屆完顏家族起源研討會會議紀要，韓世明，遼金歷史與考古（第
八輯），科學出版社，2017 年。

390. 中國民族史學會遼金契丹女真史分會第十三屆代表大會暨中國・綏濱
首屆完顏家族起源研討會學術研討和換屆情況報告，中國遼夏金研究
年鑒 2016，中國社會科學出版社，2018 年。

391. 第十四屆遼金契丹女真史學術研討會預備會在通遼科爾沁區政府召
開，賈淑榮，中國遼夏金研究年鑒 2018，中國社會科學出版社，2020
年。

392. 第十四屆遼金契丹女真史學術研討會概述，賈淑榮，中國史研究動態，
2019 年第 6 期。

393. 第十四屆遼金契丹女真史學術研討會綜述，賈淑榮，中國遼夏金研究年
鑒 2018，中國社會科學出版社，2020 年。

394. 2015 康平・首屆中國遼金契丹女真史學術研討會，張新朝，中國遼夏金
研究年鑒 2015，中國社會科學出版社，2017 年。

395. 挖掘遼金歷史 彰顯文化特色——梨樹遼金文化研討會‧2017 專家論點摘要，四平日報，2017 年 9 月 25 日第 7 版。

396. 梨樹遼金文化研討會‧2017，彭贊超、李秀蓮，中國遼夏金研究年鑒 2017，中國社會科學出版社，2020 年。

397. 第二屆契丹學國際學術研討會綜述，呂富華、孫永剛，中國遼夏金研究年鑒 2014，中國社會科學出版社，2016 年。

398. 契丹遼文化暨第三屆契丹學國際學術研討會綜述，陳德洋，中國遼夏金研究年鑒 2016，中國社會科學出版社，2018 年。

399. 絕學不絕 契丹不孤單——第四屆契丹學國際研討會在河北大學舉行，傅林，中國遼夏金研究年鑒 2018，中國社會科學出版社，2020 年。

400. 契丹遼文化研究不斷推進，孫妙凝，中國社會科學報，2016 年 8 月 10 日第 2 版。

401. 第七屆中韓宋遼夏金元史國際學術研討會在河北保定召開，原孟，中原文化研究，2017 年第 5 期。

402. 中韓第七屆宋遼夏金元史國際學術研討會綜述，王冬亞、王曉龍，中國史研究動態，2018 年第 5 期。

403. 2017 年中韓第七屆宋遼夏金元史國際學術研討會，彭贊超、李秀蓮，中國遼夏金研究年鑒 2017，中國社會科學出版社，2020 年。

404. 首屆中日青年學者宋遼西夏金元史研討會召開，劉旭瀅、張敬奎，中國史研究動態，2017 年第 4 期。

405. 首屆中日青年學者宋遼西夏金元史研討會召開，劉旭瀅、張敬奎，中國遼夏金研究年鑒 2018，中國社會科學出版社，2020 年。

406. 宋遼金元玉器研究學術研討會小結，宋遼金元玉器研究學術研討會論文集，科學出版社，2018 年。

407. 陝北歷史文化暨宋代府州折家將歷史文化學術研討會綜述，高建國，陝北歷史文化暨宋代府州折家將歷史文化學術研討會論文集，陝西人民出版社，2016 年。

408. 「金毓黻與東北邊疆史地研究」論壇召開，霍明琨，中國遼夏金研究年鑒 2014，中國社會科學出版社，2016 年。

409. 「契丹帝國與歐亞絲路文明」工作坊綜述，陳俊達，中國遼夏金研究年鑒 2016，中國社會科學出版社，2018 年。

410. 探索文物異地展覽 傳播遼代歷史文化——訪中國社會科學院民族研究所研究員劉鳳翥，趙國清、盧軍，瀋陽日報，2017 年 9 月 17 日第 1 版。

411. 劉鳳翥：契丹文字是發展遼文化產業的王牌，蓋雲飛，瀋陽日報，2017 年 9 月 29 日 T06 版。

412. 第五屆中國少數民族古籍文獻國際學術研討會綜述，陳時倩，中國遼夏金研究年鑒 2015，中國社會科學出版社，2017 年。

413. 「契丹後裔歷史文化在城市建設與文化旅遊發展中的挖掘和應用研討會」紀要，都興智，中國遼夏金研究年鑒 2015，中國社會科學出版社，2017 年。

414. 「中國古都學會 2017 年年會暨北方民族古都文化（國際）學術研討會」述評，張憲功，中國遼夏金研究年鑒 2017，中國社會科學出版社，2020 年。

415. 第三屆中國人民大學考古國際學術研討會·中國北方考古與歐亞文明學術會議，彭贊超、李秀蓮，中國遼夏金研究年鑒 2017，中國社會科學出版社，2020 年。

416. 北方絲綢之路與東北亞民族學術研討會，彭贊超、李秀蓮，中國遼夏金研究年鑒 2017，中國社會科學出版社，2020 年。

417. 「中國遼金文學學會第九屆年會暨草原文學研討會」述評，花興，民族文學研究，2018 年第 1 期。

418. 遼金文學成果述評與前景展望——以中國遼金文學學會第十屆年會為視點，劉偉，名作欣賞，2020 年第 28 期。

419. 中國民族古文字研究會第十次學術研討會暨會員代表大會綜述，孫穎新，遼金西夏研究（2014～2015），中國文史出版社，2018 年。

420. 遼寧省遼金契丹女真史研究會 2008～2018 年工作回顧與前瞻——紀念《遼金歷史與考古》創刊十週年，遼寧省遼金契丹女真史研究會秘書處，遼金歷史與考古（第十輯），科學出版社，2019 年。

421. 「北方民族與絲綢之路」博士後論壇簡介，于光建，中國遼夏金研究年鑒 2015，中國社會科學出版社，2017 年。

422. 社科院考古研究所契丹遼文化考古研究基地在左旗揭牌，王義晶、姜玉娟，赤峰日報，2017 年 9 月 1 日第 1 版。

423. 探秘大遼古樂　溯源科爾沁文化傳承——奈曼旗契丹音樂研討論證會側記，李晶，通遼日報，2017 年 12 月 20 日第 9 版。

424. 張家口沽源舉辦遼金元歷史文化研討會，彭贊超、李秀蓮，中國遼夏金研究年鑒 2017，中國社會科學出版社，2020 年。

425. 守望千年奉國寺——遼代建築遺產保護研討會在遼寧舉行，汪紅蕾，建築，2020 年第 20 期。

426. 河北崇禮太子城遺址 2018 年考古發掘與遺址保護專家諮詢會在北京召開，郝嬌嬌，中國遼夏金研究年鑒 2018，中國社會科學出版社，2020 年。

427. 《元遺山論》增訂出版研討暨降大任先生追思會在太原舉辦，張勇耀，中國遼夏金研究年鑒 2017，中國社會科學出版社，2020 年。

428. 2017《中國遼夏金研究年鑒》編輯工作會召開，彭贊超、李秀蓮，中國遼夏金研究年鑒 2017，中國社會科學出版社，2020 年。

429. 2017《中國遼夏金研究年鑒》編輯工作會召開，廖莎莎，中國遼夏金研究年鑒 2018，中國社會科學出版社，2020 年。

430. 講述宋金時期白銀貨幣化進程，孟黎，金融時報，2017 年 9 月 15 日第 11 版。

431. 深度學術研討　助力遼上京申遺，王子奇、董新林，中國文物報，2018 年 9 月 7 日第 6 版。

432. 期刊名欄建設研究——以東胡、契丹游牧文化為視角，王文江、格博巴拉吉，赤峰學院學報（漢文哲學社會科學版），2017 年第 4 期。

433. 自治區政協委員考察遼代上京城和遼祖陵祖州遺址申遺工作，郭俊樓，內蒙古日報，2017 年 10 月 13 日第 2 版。

434. 中國社會科學網關於《年鑒》的報導，唐紅麗、高欣然，遼金西夏研究（2014～2015），中國文史出版社，2018 年。

435. 國家社科基金一般項目「10～13 世紀『中國』認同研究」，熊鳴琴，中國遼夏金研究年鑒 2015，中國社會科學出版社，2017 年。

436. 國家社科基金青年項目「金朝墓誌整理與研究」，苗霖霖，中國遼夏金研究年鑒 2015，中國社會科學出版社，2017 年。

437. 國家社科基金後期資助項目「遼金敕宥制度研究」，孫建權，中國遼夏金研究年鑒 2015，中國社會科學出版社，2017 年。

438. 國家社科基金後期資助項目「金代吏員研究」，王雷，中國遼夏金研究年鑒 2015，中國社會科學出版社，2017 年。

439. 國家社科基金一般項目「遼金石刻經幢陀羅尼文字資料整理與研究」，張明悟，中國遼夏金研究年鑒 2016，中國社會科學出版社，2018 年。

440. 國家社科基金一般項目「金王朝轄域內墓葬綜合研究」，趙永軍，中國遼夏金研究年鑒 2016，中國社會科學出版社，2018 年。

441. 國家社科基金一般項目「宋金蒙鼎力時期南宋的北疆政策研究」，余蔚，中國遼夏金研究年鑒 2016，中國社會科學出版社，2018 年。

442. 國家社科基金青年項目「絲綢之路與女真政治文明」，孫昊，中國遼夏金研究年鑒 2016，中國社會科學出版社，2018 年。

443. 國家社科基金青年項目「宋遼夏金民族思想中的『中國觀』研究」，鄭煒，中國遼夏金研究年鑒 2016，中國社會科學出版社，2018 年。

444. 國家社科基金青年項目「宋金元傷寒著述版本研究與輯佚」，遂銘昕，中國遼夏金研究年鑒 2016，中國社會科學出版社，2018 年。

445. 國家社科基金後期資助項目「金元道教繪畫考論」，申喜萍，中國遼夏金研究年鑒 2016，中國社會科學出版社，2018 年。

（三）學者介紹

446. 羅福成的生平及其學術貢獻，許明綱，旅順博物館學苑（2019），萬卷出版公司，2020 年。

447. 東北史壇名家金毓黻，宋德金，中國遼夏金研究年鑒 2014，中國社會科學出版社，2016 年。

448. 金毓黻七律《贈日本鳥居博士》考實，李彥朴，遼金歷史與考古（第九輯），科學出版社，2018 年。

449. 傅樂煥的學術經歷和師友對其之影響，李亮生，西部學刊，2020 年第 23 期。

450. 刮摩淬勵著遼金——記遼金史學家陳述先生，黃為放，東北亞研究論叢（九），東北師範大學出版社，2016 年。

451. 弘揚德識才學兼具的中國傳統史學精神——以陳述先生及其史學巨著《遼史補注》為例，程方平，中國遼夏金研究年鑒 2018，中國社會科學出版社，2020 年。

452. 民族團結　古道今鑒——紀念陳述先生，巴圖寶音，中國遼夏金研究年鑒 2018，中國社會科學出版社，2020 年。

453. 宗師百年　德識永志——紀念陳述先生百年誕辰，陳志貴，中國遼夏金研究年鑒 2018，中國社會科學出版社，2020 年。

454. 陳述先生百年誕辰學術研討會，馬倩、楊子琦，中國遼夏金研究年鑒 2018，中國社會科學出版社，2020 年。

455. 思念父親陳述，陳正，中國遼夏金研究年鑒 2018，中國社會科學出版社，2020 年。

456. 思念父親陳述——寫在《遼史補注》出版之際，陳正，中華讀書報，2018 年 2 月 7 日第 7 版。

457. 陳述先生與《遼史補注》，劉鳳翥、李錫厚、林榮貴，文匯報，2018 年 6 月 15 日 W03 版。

458. 《遼史補注》與史注傳統，苗潤博，文匯報，2018 年 6 月 15 日 W07 版。

459. 陳述先生與史語所，張峰，文匯報，2018 年 6 月 15 日 W09 版。

460. 開創並踐行女真滿蒙學兼通研究的光輝典範——紀念恩師金啟孮大師百年誕辰，穆鴻利，滿族研究，2018 年第 3 期。

461. 風度儒雅　學問精深——緬懷著名學者金啟孮先生，史金波，中國遼夏金研究年鑒 2014，中國社會科學出版社，2016 年。

462. 懷念和學習金啟孮先生，劉鳳翥，中國遼夏金研究年鑒 2014，中國社會科學出版社，2016 年。

463. 著名民族歷史語言學家金啟孮先生（下），凱和，東北史地，2016 年第 1 期。

464. 契丹文字研究之外的厲鼎煃，高樹偉，中華讀書報，2017 年 7 月 26 日第 9 版。

465. 張博泉先生年譜簡編，王萬志，中國遼夏金研究年鑒 2016，中國社會科學出版社，2018 年。

466. 張博泉史學思想研究，張賀，廣西師範大學碩士學位論文，2020 年。

467. 楊樹森先生的學術研究，紀楠楠，中國遼夏金研究年鑒 2015，中國社會科學出版社，2017 年。

468. 懷念黃鳳岐先生，遼金歷史與考古（第八輯），科學出版社，2017 年。

469. 清格爾泰先生學術生平述略，孫國軍、陳俊達，赤峰學院學報（漢文哲學社會科學版），2018 年第 4 期。

470. 清格爾泰先生與蒙古語、契丹語研究，孫國軍、陳俊達，內蒙古民族大學學報（社會科學版），2017 年第 5 期。

471. 從《契丹小字研究》到《契丹小字再研究》：清格爾泰先生的契丹文研究，孫國軍、陳俊達，內蒙古大學學報（哲學社會科學版），2019 年第 5 期。

472. 孟廣耀先生年譜，孟昭慧，遼金西夏研究（2014～2015），中國文史出版社，2018 年。

473. 深切懷念姜念思先生，遼金歷史與考古（第九輯），科學出版社，2018 年。

474. 大任先生與遼金元文學熱之關係，張晶，名作欣賞：鑒賞版（上旬），2018 年第 6 期。

475. 先生不獨是晉人，王昊，名作欣賞：鑒賞版（上旬），2018 年第 6 期。

476. 劉鳳翥：不使絕學成絕響，林琳，中華文化畫報，2016 年第 6 期。

477. 劉鳳翥：半世紀只為契丹學，單穎文，文匯報，2016 年 2 月 26 日 T02 版。

478. 鳳翥契丹，史金波，遼金歷史與考古（第七輯），遼寧教育出版社，2017 年。

479. 潛龍先生八秩壽序，李俊義，遼金歷史與考古（第七輯），遼寧教育出版社，2017 年。

480. 劉鳳翥先生訪談錄，邸永君，遼金歷史與考古（第七輯），遼寧教育出版社，2017 年。

481. 劉鳳翥先生訪談錄，陳曉偉，遼金歷史與考古（第七輯），遼寧教育出版社，2017 年。

482. 高山近可仰，足以揖清芬，王玉亭，遼金歷史與考古（第七輯），遼寧教育出版社，2017 年。

483. 劉鳳翥先生在契丹學領域的學術貢獻，李俊義，遼金歷史與考古（第九輯），科學出版社，2018 年。

484. 我與劉鳳翥先生的契丹文字緣，李俊義，遼金歷史與考古（第七輯），遼寧教育出版社，2017 年。

485. 潛龍師對解讀契丹文字遼代國號的學術貢獻，張少珊，遼金歷史與考古（第七輯），遼寧教育出版社，2017 年。

486. 巴圖的契丹小字研究，鄭毅、牟岱，中國社會科學報，2019 年 2 月 18 日第 8 版。

487. 卞鴻儒對遼慶陵石刻研究的學術貢獻，李俊義、李彥朴，遼金歷史與考古（第十輯），科學出版社，2019 年。

488. 陶晉生遼金史研究述論，王戈非，黑龍江大學碩士學位論文，2019 年。

489. 劉浦江教授生平簡介，大節落落　高文炳炳——劉浦江教授紀念文集，中華書局，2016 年。

490. 劉浦江教授學術簡歷，大節落落　高文炳炳——劉浦江教授紀念文集，中華書局，2016 年。

491. 劉浦江先生致弟子書（選錄），大節落落　高文炳炳——劉浦江教授紀念文集，中華書局，2016 年。

492. 走出遼金史———劉浦江先生篤行而未竟的事業，大節落落　高文炳炳——劉浦江教授紀念文集，中華書局，2016 年。

493. 懷念劉浦江先生，劉鳳翥，大節落落　高文炳炳——劉浦江教授紀念文集，中華書局，2016 年。

494. 憶劉浦江教授，宋德金，大節落落　高文炳炳——劉浦江教授紀念文集，中華書局，2016 年。

495. 我與浦江的淡如水之交，李錫厚，大節落落　高文炳炳——劉浦江教授紀念文集，中華書局，2016 年。

496. 在劉浦江先生追思會上的發言，王曾瑜，大節落落　高文炳炳——劉浦江教授紀念文集，中華書局，2016 年。

497. 追思浦江，李裕民，大節落落　高文炳炳——劉浦江教授紀念文集，中華書局，2016 年。

498. 悼浦江，史金波，大節落落　高文炳炳——劉浦江教授紀念文集，中華書局，2016 年。

499. 置身功利外　心在學問中——懷念劉浦江教授，張邦煒，大節落落　高文炳炳——劉浦江教授紀念文集，中華書局，2016 年。

500. 不虛此行——從幾個側面看劉浦江的脫俗人生，黃寬重，大節落落　高文炳炳——劉浦江教授紀念文集，中華書局，2016 年。

501. 浦江，我們會一直記得你，姚大力，大節落落 高文炳炳——劉浦江教授紀念文集，中華書局，2016 年。

502. 回憶劉浦江教授，錢乘旦，大節落落 高文炳炳——劉浦江教授紀念文集，中華書局，2016 年。

503. 深切緬懷浦江，王春梅，大節落落 高文炳炳——劉浦江教授紀念文集，中華書局，2016 年。

504. 天然清流，不雜渭涇：憶浦江，鄧小南，大節落落 高文炳炳——劉浦江教授紀念文集，中華書局，2016 年。

505. 懷念浦江，臧健，大節落落 高文炳炳——劉浦江教授紀念文集，中華書局，2016 年。

506. 在浦江追思會上的發言，王小甫，大節落落 高文炳炳——劉浦江教授紀念文集，中華書局，2016 年。

507. 憶浦江二三事，齊木德道爾吉、吳英喆，大節落落 高文炳炳——劉浦江教授紀念文集，中華書局，2016 年。

508. 追念劉浦江君，閻步克，大節落落 高文炳炳——劉浦江教授紀念文集，中華書局，2016 年。

509. 相別未盡語，追思無限意，牛大勇，大節落落 高文炳炳——劉浦江教授紀念文集，中華書局，2016 年。

510. 心香一瓣：悼念浦江老師，劉靜貞，大節落落 高文炳炳——劉浦江教授紀念文集，中華書局，2016 年。

511. 憶浦江君，陳蘇鎮，大節落落 高文炳炳——劉浦江教授紀念文集，中華書局，2016 年。

512. 遙祭浦江：生命以另一種形態不朽，王瑞來，大節落落 高文炳炳——劉浦江教授紀念文集，中華書局，2016 年。

513. 劉浦江教授追思會上發言，包偉民，大節落落 高文炳炳——劉浦江教授紀念文集，中華書局，2016 年。

514. 悼念浦江，王曉欣，大節落落 高文炳炳——劉浦江教授紀念文集，中華書局，2016 年。

515. 畏友浦江，李華瑞，大節落落 高文炳炳——劉浦江教授紀念文集，中華書局，2016 年。

516. 君子之善豈止在文章！彭小瑜，大節落落 高文炳炳——劉浦江教授紀念文集，中華書局，2016 年。

517. 憶浦江，趙世瑜，大節落落 高文炳炳——劉浦江教授紀念文集，中華書局，2016 年。

518. 追憶浦江，辛德勇，大節落落 高文炳炳——劉浦江教授紀念文集，中華書局，2016 年。

519. 一個純粹的學者——悼浦江，陳峰，大節落落 高文炳炳——劉浦江教授紀念文集，中華書局，2016 年。

520. 劉浦江憶舊，李鴻賓，大節落落 高文炳炳——劉浦江教授紀念文集，中華書局，2016 年。

521. 惜才傷逝憶浦江，李劍鳴，大節落落 高文炳炳——劉浦江教授紀念文集，中華書局，2016 年。

522. 墊江灑淚送浦江，榮新江，大節落落 高文炳炳——劉浦江教授紀念文集，中華書局，2016 年。

523. 細微處見精神———追憶劉浦江與點校本《遼史》修訂，徐俊，大節落落 高文炳炳——劉浦江教授紀念文集，中華書局，2016 年。

524. 史學要向高處走———深切緬懷劉浦江教授，姜錫東，大節落落 高文炳炳——劉浦江教授紀念文集，中華書局，2016 年。

525. 我所瞭解的浦江同學，劉一皋，大節落落 高文炳炳——劉浦江教授紀念文集，中華書局，2016 年。

526. 劉浦江同志告別儀式上的發言，程秩，大節落落 高文炳炳——劉浦江教授紀念文集，中華書局，2016 年。

527. 懷念浦江學兄，李志生，大節落落 高文炳炳——劉浦江教授紀念文集，中華書局，2016 年。

528. 一位真誠而負責任的學者——在劉浦江教授追思會上的發言，苗書梅，大節落落 高文炳炳——劉浦江教授紀念文集，中華書局，2016 年。

529. 中元之夜說浦江，羅新，大節落落 高文炳炳——劉浦江教授紀念文集，中華書局，2016 年。

530. 永遠年輕的浦江兄，游彪，大節落落 高文炳炳——劉浦江教授紀念文集，中華書局，2016 年。

531. 痛悼劉教授浦江兄鶴歸，漆永祥，大節落落 高文炳炳——劉浦江教授紀念文集，中華書局，2016 年。

532. 從此花開不見君———劉浦江教授追思，朱玉麒，大節落落 高文炳炳——劉浦江教授紀念文集，中華書局，2016 年。

533. 江城子‧悼念故友劉浦江教授，曹家齊，大節落落 高文炳炳——劉浦江教授紀念文集，中華書局，2016 年。

534. 一個學人的境界———追念劉浦江教授，王善軍，大節落落 高文炳炳——劉浦江教授紀念文集，中華書局，2016 年。

535. 一個理想主義者的純真與執著，王立新，大節落落 高文炳炳——劉浦江教授紀念文集，中華書局，2016 年。

536. 悼浦江，張帆，大節落落 高文炳炳——劉浦江教授紀念文集，中華書局，2016 年。

537. 劉浦江先生在四庫學方面的成就，張昇，大節落落 高文炳炳——劉浦江教授紀念文集，中華書局，2016 年。

538. 寬而栗，願而恭，直而溫——回憶浦江，何晉，大節落落 高文炳炳——劉浦江教授紀念文集，中華書局，2016 年。

539. 風物依舊，斯人不再：追憶劉浦江老師，史睿，大節落落 高文炳炳——劉浦江教授紀念文集，中華書局，2016 年。

540. 懷念浦江教授，吳國武，大節落落 高文炳炳——劉浦江教授紀念文集，中華書局，2016 年。

541. 我與劉浦江教授的學術交往，周峰，大節落落 高文炳炳——劉浦江教授紀念文集，中華書局，2016 年。

542. 師教二十年雜憶——懷念劉浦江老師，黨寶海，大節落落 高文炳炳——劉浦江教授紀念文集，中華書局，2016 年。

543. 一位純學者的生涯——懷念劉浦江老師，余蔚，大節落落 高文炳炳——劉浦江教授紀念文集，中華書局，2016 年。

544. 不僅僅是為了紀念——追憶劉浦江老師，刁培俊，大節落落 高文炳炳——劉浦江教授紀念文集，中華書局，2016 年。

545. 劉浦江先生：從遼金史進入阿爾泰學，唐均，大節落落 高文炳炳——劉浦江教授紀念文集，中華書局，2016 年。

546. 亦師亦友亦家人——懷念劉浦江先生，賈彥敏，大節落落　高文炳炳——劉浦江教授紀念文集，中華書局，2016 年。

547. 懷念哥哥，劉源遠，大節落落　高文炳炳——劉浦江教授紀念文集，中華書局，2016 年。

548. 懷念劉浦江老師，譚星宇，大節落落　高文炳炳——劉浦江教授紀念文集，中華書局，2016 年。

549. 追悼劉浦江教授，飯山知保，大節落落　高文炳炳——劉浦江教授紀念文集，中華書局，2016 年。

550. 追思劉浦江老師，毛利英介，大節落落　高文炳炳——劉浦江教授紀念文集，中華書局，2016 年。

551. 黯淡世界中的一道光，陳侃理，大節落落　高文炳炳——劉浦江教授紀念文集，中華書局，2016 年。

552. 博大之愛中的一絲微光——懷念劉浦江老師，李鳴飛，大節落落　高文炳炳——劉浦江教授紀念文集，中華書局，2016 年。

553. 不是恩師，更似恩師——悼念劉浦江老師，孫建權，大節落落　高文炳炳——劉浦江教授紀念文集，中華書局，2016 年。

554. 劉浦江，他一直那麼年輕，孫明，大節落落　高文炳炳——劉浦江教授紀念文集，中華書局，2016 年。

555. 他的目光如手術刀般銳利，陳恒舒，大節落落　高文炳炳——劉浦江教授紀念文集，中華書局，2016 年。

556. 懷念我的班主任劉浦江老師，李怡文，大節落落　高文炳炳——劉浦江教授紀念文集，中華書局，2016 年。

557. 追思與懷念：憶劉浦江老師，李根利，大節落落　高文炳炳——劉浦江教授紀念文集，中華書局，2016 年。

558. 不一樣的感受，同樣的關懷——追念劉老師，馬清源，大節落落　高文炳炳——劉浦江教授紀念文集，中華書局，2016 年。

559. 形骸有盡而精神不滅——懷念劉浦江老師，閆建飛，大節落落　高文炳炳——劉浦江教授紀念文集，中華書局，2016 年。

560. 遠去的「絮叨」——懷念劉浦江老師，袁晶靖，大節落落　高文炳炳——劉浦江教授紀念文集，中華書局，2016 年。

561. 脊樑——我眼中的劉老師，吳淑敏，大節落落 高文炳炳——劉浦江教授紀念文集，中華書局，2016 年。

562. 師恩未謝，歲月已晚———懷念劉浦江老師，張曉慧，大節落落 高文炳炳——劉浦江教授紀念文集，中華書局，2016 年。

563. 余悲未已，薪火不滅——懷念劉浦江老師，包曉悅，大節落落 高文炳炳——劉浦江教授紀念文集，中華書局，2016 年。

564. 「幸」與「不幸」——懷念劉浦江老師，張晨光，大節落落 高文炳炳——劉浦江教授紀念文集，中華書局，2016 年。

565. 天之高處，魂之所棲——懷念劉浦江老師，李思成，大節落落 高文炳炳——劉浦江教授紀念文集，中華書局，2016 年。

566. 劉浦江先生的學術歷程與治學思想，邱靖嘉，大節落落 高文炳炳——劉浦江教授紀念文集，中華書局，2016 年。

567. 一部傾注生命的《遼史》——劉浦江教授的《遼史》修訂工作，邱靖嘉，大節落落 高文炳炳——劉浦江教授紀念文集，中華書局，2016 年。

568. 「難以置信」的學術故事——泣念恩師劉浦江先生，趙宇，大節落落 高文炳炳——劉浦江教授紀念文集，中華書局，2016 年。

569. 痛悼浦江師——告別儀式上的發言，苗潤博，大節落落 高文炳炳——劉浦江教授紀念文集，中華書局，2016 年。

570. 劉浦江先生學術成就與思想述評，邱靖嘉，唐宋歷史評論（第二輯），社會科學文獻出版社，2016 年。

571. 劉浦江教授學術簡歷及成果，苗潤博，中國遼夏金研究年鑒 2015，中國社會科學出版社，2017 年。

572. 走出遼金史——劉浦江先生篤行而未竟的事業，陳曉偉，中國遼夏金研究年鑒 2015，中國社會科學出版社，2017 年。

573. 我嘗過古墓裏的遼代老酒，盧立業，遼寧日報，2018 年 8 月 16 日 T19 版。

574. 王明蓀先生的中國近古史研究，曹文瀚，中國遼夏金研究年鑒 2016，中國社會科學出版社，2018 年。

575. 武玉環教授學術簡歷及成果，劉曉飛，中國遼夏金研究年鑒 2016，中國社會科學出版社，2018 年。

576. 博採眾長治學路，銖積寸累求新知——程妮娜教授訪談錄，王萬志，淮陰師範學院學報（哲學社會科學版），2018 年第 3 期。

577. 王禹浪與哈爾濱歷史文化研究——我國著名東北流域史學者王禹浪教授與哈爾濱的不解情懷，王俊錚，哈爾濱學院學報，2016 年第 9 期。

578. 文化名人——任愛君，松州，2017 年第 2 期。

579. 吳英喆先生「契丹小字」研究綜述，張雪霞，北方文學（中旬），2017 年第 10 期。

580. 資料紹介　三上次男コレクションの契丹土器について（清水信行教授退任記念號），岩井浩人，青山史學（36），2018 年。

（四）書評、序、出版信息

581. Dianjiaoben ershisishi xiudingben by Liao shi（review），Pierre Marsone, *Journal of Song-Yuan Studies*, Volume 48, 2019.

582. 《遼史補注》序，顧頡剛，中國遼夏金研究年鑒 2018，中國社會科學出版社，2020 年。

583. 《遼史補注》序，陳寅恪，中國遼夏金研究年鑒 2018，中國社會科學出版社，2020 年。

584. 《遼史補注》序言，陳述，中國遼夏金研究年鑒 2018，中國社會科學出版社，2020 年。

585. 《遼史補注》序例，陳述，中國遼夏金研究年鑒 2018，中國社會科學出版社，2020 年。

586. 《遼史補注》後記，陳述，中國遼夏金研究年鑒 2018，中國社會科學出版社，2020 年。

587. 《遼史補注》陳寅恪序署年斠訛，田耕農，中華讀書報，2018 年 1 月 24 日第 10 版。

588. 林鵠著《〈遼史・百官志〉考訂》內容簡介，孫昊，中國遼夏金研究年鑒 2015，中國社會科學出版社，2017 年。

589. 《遼金元石刻文獻全編》正誤，鄒虎，古籍整理研究學刊，2017 年第 1 期。

590. 《凌源小喇嘛溝遼墓》簡介，甘淨，考古，2016 年第 7 期。

591. 《凌源小喇嘛溝遼墓》內容簡介，孔維，中國遼夏金研究年鑒 2015，中國社會科學出版社，2017 年。

592. 《柳孜運河遺址第二次考古發掘報告》簡介，雨珩，考古，2017 年第 7 期。

593. 《前郭塔虎城：2000 年考古發掘報告》簡介，雨珩，考古，2017 年第 12 期。

594. 金毓黻《宋遼金史》校勘拾零，白麗傑、鄭春穎，長春師範大學學報，2016 年第 11 期。

595. 金毓黻輯印《遼陵石刻集錄》始末，李俊義、李彥朴，北方文物，2019 年第 1 期。

596. 尋契丹 探絕學——評劉鳳翥及其《契丹尋蹤——我的拓碑之路》，郭玉春，博覽群書，2016 年第 10 期。

597. 五十餘年寫一書，甘苦欣慰誰人知——劉鳳翥與《契丹文字研究類編》的半世緣，張少珊，中國遼夏金研究年鑒 2014，中國社會科學出版社，2016 年。

598. 劉鳳翥著《契丹文字研究類編》內容簡介，張少姍，中國遼夏金研究年鑒 2015，中國社會科學出版社，2017 年。

599. 《契丹小字再研究·自序》，吳英喆，中國遼夏金研究年鑒 2017，中國社會科學出版社，2020 年。

600. 《女真譯語校補和女真字典》一部女真語研究的力作，理論觀察，2020 年第 9 期。

601. 評劉浦江《松漠之間——遼金契丹女真史研究》，鍾焓，唐宋歷史評論（第二輯），社會科學文獻出版社，2016 年。

602. 良史的胸懷、視野與方法——評劉浦江著《松漠之間——遼金契丹女真史研究》，維舟，唐宋歷史評論（第二輯），社會科學文獻出版社，2016 年。

603. 分而有序，妙言要道：讀《遼金職官管理制度研究》，陳德洋，赤峰學院學報（漢文哲學社會科學版），2020 年第 4 期。

604. 立足高遠 真實再現遼金黑龍江歷史，程妮娜，中國社會科學報，2019 年 11 月 13 日第 11 版。

605. 《奉使遼金行程錄》評介，曹文瀚，中國遼夏金研究年鑒 2017，中國社會科學出版社，2020 年。

606. 辯證與求實：《遼金黃龍府叢考》評介，高福順，中國遼夏金研究年鑒 2014，中國社會科學出版社，2016 年。

607. 儒風漢韻流海內——《兩宋遼金西夏時期的中國意識與民族觀念》評析，安北江，赤峰學院學報（漢文哲學社會科學版），2018 年第 6 期。

608. 「馬背上的人口問題」創新研究——《中國人口通史·遼金卷》簡評，河南財政稅務高等專科學校學報，2017 年第 4 期。

609. 遼夏金史研究的新視野——《遼夏金的女性社會群體研究》評介，繆喜平，中國遼夏金研究年鑒 2016，中國社會科學出版社，2018 年。

610. 遼夏金史研究的新視野——《遼夏金的女性社會群體研究》評介，繆喜平，西夏研究，2017 年第 2 期。

611. 《遼金元時期北方漢人上層民族心理研究》評介，閆興潘，歷史文獻研究（總第 39 輯），華東師範大學出版社，2017 年。

612. 《遼金元時期北方漢人上層民族心理研究》評介，閆興潘，中國遼夏金研究年鑒 2016，中國社會科學出版社，2018 年。

613. 《中國古代飲食器具設計考略：10~13 世紀》評述，張明山，創意與設計，2016 年第 2 期。

614. 王明蓀《遼城———中國北方草原城市的興起》評介，曹文瀚，中國遼夏金研究年鑒 2018，中國社會科學出版社，2020 年。

615. 肖愛民《遼朝政治中心研究》評介，剛巴圖，中國遼夏金研究年鑒 2014，中國社會科學出版社，2016 年。

616. 《遼朝政治中心研究》評介，張燁、孫偉祥，遼金歷史與考古（第十一輯），科學出版社，2020 年。

617. 《遼代商業研究》評介，孫偉祥，中國遼夏金研究年鑒 2016，中國社會科學出版社，2018 年。

618. 遼代鐵器研究的集大成之作——馮永謙著《遼代鐵器考古研究》評介，董學增，中國文物報，2020 年 3 月 27 日第 6 版。

619. 對遼代科舉制度的再思考——《科舉與遼代社會》評介，蔣金玲，中國邊疆史地研究，2017 年第 2 期。

620. 篳路藍縷 發潛闡幽——《科舉與遼代社會》評介，肖愛民，宋史研究論叢（第 20 輯），科學出版社，2017 年。

621. 從新角度審視遼朝社會——《科舉與遼代社會》評介，孫偉祥，北方文物，2018 年第 2 期。

622. 《科舉與遼代社會》評議，任愛君、李浩楠，契丹學研究（第一輯），商務印書館，2019 年。

623. 一部求新求實的遼代科舉研究著作——高福順教授新著《科舉與遼代社會》評介，崔莎莎、吳鳳霞，中國遼夏金研究年鑒 2015，中國社會科學出版社，2017 年。

624. 教育與遼代社會：從新角度審視遼代中國北部邊疆社會治理——《教育與遼代社會》評述，孫赫陽、孫孝偉，赤峰學院學報（漢文哲學社會科學版），2020 年第 3 期。

625. 宏闊視域下的教育史研究——《教育與遼代社會》讀後，王璐瑤，赤峰學院學報（漢文哲學社會科學版），2020 年第 3 期。

626. 遼代教育史研究的新篇章——《教育與遼代社會》評介，孫國軍，赤峰學院學報（漢文哲學社會科學版），2020 年第 3 期。

627. 抽絲剝繭理譜系、闡微決疑撰文章——《遼朝後族諸問題研究》評介，肖愛民，內蒙古師範大學學報（哲學社會科學版），2018 年第 4 期。

628. 《遼代女真族群與社會研究》序，楊軍，中國遼夏金研究年鑒 2014，中國社會科學出版社，2016 年。

629. 《遼代女真族群與社會研究》後記，孫昊，中國遼夏金研究年鑒 2014，中國社會科學出版社，2016 年。

630. 《遼代墓葬的考古學研究·序》，齊東方，中國遼夏金研究年鑒 2016，中國社會科學出版社，2018 年。

631. 《遼代漢官集團的婚姻與政治》評介，撒海濤、張冰，中國遼夏金研究年鑒 2017，中國社會科學出版社，2020 年。

632. 從「聯經版」和「增訂版」《宋遼關係史研究》看陶晉生的史學思想，王戈非，中國遼夏金研究年鑒 2017，中國社會科學出版社，2020 年。

633. 根與魂和靈與肉的再現：《大遼詩後》，張志勇，遼金歷史與考古（第十一輯），科學出版社，2020 年。

634. 讀《遼錢：籠罩在迷霧中的錢幣》有感，張浩哲，江蘇錢幣，2019 年第 3 期。

635. 在歷史的田野中追蹤歷史——評陳秉義、楊娜妮的《契丹—遼音樂圖像學考察》，修海林，樂府新聲（瀋陽音樂學院學報），2018 年第 2 期。

636. 《金朝「異代」文士民族認同之路》評介——兼議「漢化」命題，耿濤，宋史研究論叢（第二十二輯），科學出版社，2018 年。

637. 一部金代儒家思想研究的力作——讀《金代儒學研究》，華文，長春日報，2018 年 3 月 19 日第 8 版。

638. 《金代的科舉與文學·序》，胡傳志，中國遼夏金研究年鑒 2016，中國社會科學出版社，2018 年。

639. 多維方法與文學本位的深度結合——評裴興榮《金代科舉與文學》，王永，中國遼夏金研究年鑒 2016，中國社會科學出版社，2018 年。

640. 一部帶你瞭解金代科舉與文學的書——從詩文考證歷史，張建偉，山西日報，2017 年 7 月 5 日第 11 版。

641. 多維方法與文學本位的深度結合——評裴興榮《金代科舉與文學》，王永，山西大同大學學報（社會科學版），2017 年第 5 期。

642. 《金代圖書出版研究》評介，楊衛東，長春師範大學學報，2016 年第 5 期。

643. 金代泰山文士研究的一部力作——讀聶立申教授著《金代泰山文士研究》，李貞強，松州學刊，2016 年第 5 期。

644. 鄉獻證史論———《金代泰山文士研究》述評，李志剛，中國遼夏金研究年鑒 2015，中國社會科學出版社，2017 年。

645. 史論結合見工夫　鄉獻證史數風流——《金代泰山文士研究》評介，李志剛，中國社會科學報，2018 年 3 月 27 日第 7 版。

646. 《金代泰山文士研究》名山文化研究的新成果，胡傳志，中國社會科學報，2018 年 3 月 27 日第 7 版。

647. 金代泰山文化研究的新突破——評聶立申《金代泰山名士稽考》，亓民帥，泰山學院學報，2019 年第 1 期。

648. 《金代宗室研究》評介，陳曉曉，中國遼夏金研究年鑒 2016，中國社會科學出版社，2018 年。

649. 李玉君著《金代宗室研究》評介，孔維京、刁培俊，中國史研究動態，2018 年第 2 期。

650. 《金代宗室研究》評介，撒海濤、張冰，白城師範學院學報，2018 年第 5 期。

651. 《金人「中國」觀研究·序》，程妮娜，中國遼夏金研究年鑒 2015，中國社會科學出版社，2017 年。

652. 提高國民素質和選拔各民族各階層人才的有效途徑——讀《金代教育與科舉研究》引發的思考與啟示，趙永春，黑龍江民族叢刊，2020 年第 4 期。

653. 學在會通，力在拓新——《金元之際全真道興盛探究——以丘處機為中心》評介，孫鵬，南京曉莊學院學報，2018 年第 5 期。

654. 多向互動視野下的金元全真道研究新成果——評鍾海連博士新著《金元之際全真道興盛研究——以丘處機為中心》，張義生，世界宗教研究，2019 年第 1 期。

655. 《元好問傳》新本整理後記，陳尚君，中國文學研究（第二十八輯），復旦大學出版社，2016 年。

656. 《元好問全集》點校失誤補正——兼及如何恢復元著原貌的校勘理念，狄寶心，晉陽學刊，2016 年第 4 期。

657. 版本遴選精審校勘注釋詳備——評張靜校注《中州集校注》，張晶、張勇耀，民族文學研究，2019 年第 2 期。

658. 一代詩史的文化意義及其文獻價值——《中州集校訂》前言，薛瑞兆，內江師範學院學報，2019 年第 11 期。

659. 《元遺山論·再版序言》，降大任，中國遼夏金研究年鑒 2017，中國社會科學出版社，2020 年。

660. 《元遺山論》的四大學術優勢，黃震云，名作欣賞，2018 年第 16 期。

661. 精擇底本 新補要籍 重收散佚——評馬振君整理本《王若虛集》，王永，許昌學院學報，2018 年第 3 期。

662. 匠心織造縱橫網，史心別開新面目——評胡傳志《宋金文學的交融與演進》，宋凱，天中學刊，2019 年第 4 期。

663. 文學編年圖景的呈現如何可能？——王慶生《金代文學編年史》的啟示，路元敦、潘玥，名作欣賞，2016 年第 26 期。

664. 問題意識、思辨精神與理論高度——評《美學與詩學——張晶學術文選》，王永，遼寧師範大學學報（社會科學版），2018 年第 3 期。

665. 美學與詩學的貫通與昇華——評《美學與詩學——張晶學術文選》，于雋，遼寧師範大學學報（社會科學版），2018 年第 3 期。

666. 全新視角看遼金元的歌詩與樂論——《遼金元歌詩及樂論研究》書評，張靜，北方音樂，2017 年第 15 期。

667. 河東南路金代戲劇：中國戲劇發展的特殊形態——李文《金代河東南路戲劇研究》述評，王鵬，中華戲曲（第 54 輯），文化藝術出版社，2017 年。

668. 當金詞放在多民族文化交融視野中——評于東新《金詞風貌研究》，美成，博覽群書，2018 年第 4 期。

669. 展開金代文獻的宏大畫卷——《金代藝文敘錄》讀後，周峰，古籍整理出版情況簡報，2017 年第 4 期。

670. 都興智先生《金代進士題名錄》指瑕，馬振君，內江師範學院學報，2019 年第 11 期。

671. 《歷代茶詩集成·唐代卷、宋金卷》出版，竺濟法，中國茶葉，2016 年第 3 期。

672. 宋金元明清曲辭補釋三則，常麗麗，卷宗，2019 年第 26 期。

673. 《遼金史論集·序》（第十四輯），韓世明、孔令海，中國遼夏金研究年鑒 2016，中國社會科學出版社，2018 年。

674. 《遼金史論集》第十六輯《序》，韓世明，中國遼夏金研究年鑒 2018，中國社會科學出版社，2020 年。

675. 《遼金歷史與考古》評介，彭贊超，中國遼夏金研究年鑒 2017，中國社會科學出版社，2020 年。

676. 整合力量　打通界限　推進研究——《遼金西夏研究年鑒》讀後，史地，東北史地，2016 年第 3 期。

677. 就《遼金西夏研究年鑒》採訪景愛先生，祝立業，遼金西夏研究（2014～2015），中國文史出版社，2018 年。

678. 水到渠成、任重道遠：《契丹學概論》評介，肖愛民，赤峰學院學報（漢文哲學社會科學版），2017 年第 1 期。

679. 理論性、資料性與工具性的統一，胡傳志，遼金西夏研究（2014～2015），中國文史出版社，2018 年。

680. 《汾陽東龍觀宋金壁畫墓》述評，于璞，中國文物報，2017 年 12 月 26 日第 6 版。

681. 關於陶瓷類文物活化與利用的思考——從《宋金瓷話——五館館藏瓷器精品展》談起，陳寧寧，博物館研究，2019 年第 1 期。

682. 學識與理論相交織 涵養與研究互表裏——讀《中國金代書法研究》有感，張改琴，政協之友，2016 增刊·金代書法研討會論文集。

683. 珍珠還須紅線穿——讀《中國金代書法研究》，李庶民，政協之友，2016 增刊·金代書法研討會論文集。

684. 煮海為鹽 煉石補天——《中國金代書法研究》探，傅伯庚，政協之友，2016 增刊·金代書法研討會論文集。

685. 書史新篇 刀筆風流——讀《王凱霞書法刻字文集》有感，張丹非，政協之友，2016 增刊·金代書法研討會論文集。

686. 書評 藤原崇人著 契丹佛教史の研究，古松崇志，東洋史研究（75 卷 3 期），2016 年。

687. 書評と紹介 藤原崇人著『契丹仏教史の研究』，蓑輪顕量，宗教研究（92 卷 2 期），2018 年。

688. 書評 藤原崇人『契丹仏教史の研究』，毛利英介，內陸アジア史研究（32），2017 年。

689. 藤原崇人著《契丹佛教史研究》概述，孫昊，中國遼夏金研究年鑒 2015，中國社會科學出版社，2017 年。

690. 書評 高井康典行著『渤海と藩鎮：遼代地方統治の研究』（汲古叢書 139），毛利英介，史學雜志（127 卷 2 期），2018 年 2 月。

691. 書評 高井康典行『渤海と藩鎮：遼代地方統治の研究』，工藤壽晴，歷史學研究（975），2018 年 10 月。

692. 書評 高井康典行『渤海と藩鎮：遼代地方統治の研究』，藤原崇人，內陸アジア史研究（34），2019 年 3 月。

693. Book Review 古代文字への情熱：希代の碩學 豊田五郎〔豊田五郎・武內康則著 武內康則編 豊田五郎 契丹文字研究論集〕，荒川慎太郎，東方（425），2016 年。

694. 漢契交融　無隔華夷——《慶陵：內蒙古遼代帝王陵及其壁畫的考古學調查報告》中譯本讀後，高福順，中國遼夏金研究年鑑 2016，中國社會科學出版社，2018 年。

695. 攻玉之石　知著之微——《祖州城》《慶陵》中文譯注本序一，鄭福田，赤峰學院學報（漢文哲學社會科學版），2017 年第 1 期。

696. 中英文譯注本《祖州城》後記，李俊義，赤峰學院學報（漢文哲學社會科學版），2018 年第 2 期。

697. 漢契一體　華夷同風——《祖州城》中英文譯注本跋，高福順，赤峰學院學報（漢文哲學社會科學版），2018 年第 2 期。

698. 《滿蒙再探》中的遼文化，范曉萌，科技風，2019 年第 31 期。

699. 「忠貞」視域下的 10 世紀中國——《忠貞不貳？：遼代的越境之舉》譯介，張博，中國遼夏金研究年鑑 2014，中國社會科學出版社，2016 年。

700. 《忠貞不貳？——遼代的越境之舉》評介，律其林，唐山文學，2018 年第 6 期。

701. 《劍橋中國遼西夏金元史》獻疑六則，于宏偉、吳丹丹，文物鑒定與鑒賞，2019 年第 23 期。

702. 《劍橋中國史》和《哈佛中國史》的遼史講述，洪思慧，今古文創，2020 年第 5 期。

（五）目錄索引

703. 2013 年宋遼夏金文化研究論著目錄，王蓉貴，宋代文化研究（第二十二輯），四川大學出版社，2016 年。

704. 2014 年遼金史論著目錄，周峰，中國遼夏金研究年鑑 2014，中國社會科學出版社，2016 年。

705. 2014 年金史研究論著索引，白剛，遼金西夏研究（2014～2015），中國文史出版社，2018 年。

706. 2015 年遼金史論著目錄，周峰，中國遼夏金研究年鑑 2015，中國社會科學出版社，2017 年。

707. 2015 年金史研究論著索引，白剛，遼金西夏研究（2014～2015），中國文史出版社，2018 年。

708. 2016 年遼金史論著目錄，周峰，中國遼夏金研究年鑒 2016，中國社會科學出版社，2018 年。

709. 2017 年遼金史論著目錄，周峰，中國遼夏金研究年鑒 2017，中國社會科學出版社，2020 年。

710. 2018 年遼金史論著目錄，周峰，中國遼夏金研究年鑒 2018，中國社會科學出版社，2020 年。

711. 2015 康平首屆中國遼金契丹女真史研討會論文目錄，遼金史論集（第十五輯），科學出版社，2017 年。

712. 2018 年第十四屆遼金契丹女真史學術研討會論文目錄，遼金史論集（第十七輯），中國社會科學出版社，2019 年。

713. 宋遼夏金元童蒙文化研究目錄，馮強，童蒙文化研究（第二卷），人民出版社，2017 年。

714. 劉浦江教授學術論著要目，北大史學（第 20 輯），北京大學出版社，2016 年。

三、史料與文獻

（一）《遼史》、《金史》

715. 《遼史》修訂：一門學科的傳承，單穎文，文匯報，2016 年 5 月 6 日 W03 版。

716. 一部《遼史》，兩代學人的寂寞與奉獻——徐俊談《遼史》的點校與修訂，王洪波，中華讀書報，2016 年 5 月 4 日第 9 版。

717. 六載校史度金針——在《遼史》讀書課上的總結發言，劉浦江、康鵬，中華讀書報，2016 年 5 月 4 日第 9 版。

718. 《遼史》需不斷去偽存真，黃震，社會科學報，2020 年 6 月 18 日第 8 版。

719. 論馮家昇的《遼史》校勘，戴磊，史學史研究，2016 年第 4 期。

720. 《遼史》正誤二則，曹流，北方文物，2017 年第 2 期。

721. 《遼史》記載的「夷離畢」之詞的歸納及其社會作用，吉日嘎拉，赤峰學院學報（漢文哲學社會科學版），2017 年第 10 期。

722. 統計分類分析《遼史》中出現的「夷離菫」之詞，香蓮，赤峰學院學報（漢文哲學社會科學版），2018 年第 2 期。

723. 《遼史》「皮室」詞的統計及分類分析，吉日嘎拉，赤峰學院學報（漢文哲學社會科學版），2017 年第 12 期。

724. 《遼史‧國語解》「惕隱」的統計及分類分析，吉日嘎拉，赤峰學院學報（漢文哲學社會科學版），2018 年第 4 期。

725. 《遼史》記載的「斡里」「斡魯」「斡耳」「窩魯」演變分析，香蓮，赤峰學院學報（漢文哲學社會科學版），2018 年第 1 期。

726. 《遼史·天祚皇帝紀》史源新說，苗潤博，唐宋歷史評論（第七輯），社會科學文獻出版社，2020 年。

727. 《遼史·屬國表》探析，張宏利，遼寧工程技術大學學報（社會科學版），2018 年第 1 期。

728. 《遼史·禮志》載諸「門」探析，李月新，赤峰學院學報（漢文哲學社會科學版），2019 年第 7 期。

729. 元末修史與遼朝典制的另類重構——《遼史·儀衛志》探源，苗潤博，元史及民族與邊疆研究集刊（第三十七輯），上海古籍出版社，2020 年。

730. 再論《遼史·營衛志》部族門的文本來源與編纂過程，苗潤博，史學史研究，2020 年第 2 期。

731. 《遼史·兵衛志·兵制》探源，苗潤博，文獻，2020 年第 3 期。

732. 《遼史·兵衛志》的史源與史料價值，武文君，史學理論與史學史學刊（總第 20 卷），社會科學文獻出版社，2019 年。

733. 《遼史·兵衛志》「屬珊軍」條辨析，吳飛，讀天下，2016 年第 21 期。

734. 《遼史·百官志》「殿前都點檢司」事目考源疏證，姚慶，中國典籍與文化，2017 年第 1 期。

735. 《遼史·百官志》「宿衛司」事目考源疏證，姚慶，中國典籍與文化，2018 年第 1 期。

736. 《遼史·百官志》研究，孫大坤，吉林大學博士學位論文，2020 年。

737. 《遼史·食貨志》探源，苗潤博，中國社會經濟史研究，2020 年第 3 期。

738. 《遼史·蕭陶隗傳》辨誤，樂日樂，內蒙古農業大學學報（社會科學版），2018 年第 4 期。

739. 論《遼史》述錄蕭太后事蹟的文學性，張雅嵐，赤峰學院學報（漢文哲學社會科學版），2018 年第 1 期。

740. 蒙古西征視野下的信息流通與文本生成——《遼史》所記「西遼事蹟」探源，苗潤博，文史，2019 年第 3 輯。

741. 《遼史·西夏外記》史源補說，苗潤博，西夏研究，2020 年第 3 期。

742. 「江家奴」當為「汪家奴」——《遼史》附元朝「修三史」聖旨勘誤及其他，黨寶海，西部蒙古論壇，2019 年第 2 期。

743. 《遼史》中契丹文書籍問題考釋，孫偉祥，中國遼夏金研究年鑑 2017，中國社會科學出版社，2020 年。

744. 中華書局點校本《金史》獻疑數則，鄧進榮，西部蒙古論壇，2017 年第 1 期。

745. 點校本《宋史》《金史》《元史》《明史》訂誤 13 則，呂梁、呂友仁，古籍整理研究學刊，2019 年第 4 期。

746. 《金史》勘誤三則，孫紅梅，北方文物，2019 年第 1 期。

747. 《金史》點校補正七則，孫建權，北方文物，2019 年第 3 期。

748. 中華書局點校本《金史》校勘十則，趙永春，北方文物，2020 年第 1 期。

749. 《金史》本紀校讀劄記，陳曉偉，西北民族論叢（第十八輯），社會科學文獻出版社，2018 年。

750. 釋《金史·太祖紀》之「品達魯古」，邱靖嘉，中國史研究，2019 年第 1 期。

751. 中華書局點校本《金史·章宗紀四》獻疑一則，高美，黑龍江史志，2017 年第 11 期。

752. 《金史·交聘表》夏金交聘史實勘誤，王耀彬，新西部（理論版），2016 年第 13 期。

753. 《金史·輿服志》的史料來源及訂誤三則，李薈，南京藝術學院學報（美術與設計），2016 年第 4 期。

754. 宋金《禮志》比較研究，湯勤福，史學集刊，2018 年第 4 期。

755. 遼金樂志的編纂與刊行，胡亮，出版發行研究，2019 年第 5 期。

756. 《金史·地理志》疏漏與補正研究，王新英，興義民族師範學院學報，2019 年第 1 期。

757. 《金史》僕散端封爵史料補佚一則，張笑峰，江海學刊，2019 年第 5 期。

758. 《金史》洪皓歸宋時間勘誤，劉啟振、王思明，江海學刊，2019 年第 1 期。

759. 《金史》衍聖公家族事蹟叢考，陳曉偉，文史，2018 年第 2 期。

760. 《金史·忠義傳》史源考，張雪，文化學刊，2018 年第 1 期。

761. 清代滿文本《金史》刊刻考略，綦中明、劉麗華，滿族研究，2020 年第 4 期。

（二）其他史料與文獻

762. 葉隆禮事蹟考，顧宏義，杭州師範大學學報（社會科學版），2017 年第 1 期。

763. 《契丹國志》中盧文進史料史源疏證——兼論《契丹國志》的史料價值，陳俊達、李碧瑤，邢臺學院學報，2017 年第 4 期。

764. 空間敘事批評語境下的《焚椒錄》，劉澍芃，江蘇科技大學學報（社會科學版），2018 年第 3 期。

765. 女真史料的深翻與檢討——《三朝北盟會編》卷三研讀記，邱靖嘉，中華文史論叢，2019 年第 2 期。

766. 《三朝北盟會編》四庫覆校底本考辨——兼論乾隆五十二年覆校《四庫全書》的操辦流程，邱靖嘉，文史哲，2020 年第 6 期。

767. 王寂邊疆行記文史價值探析，許鶴，阜陽師範學院學報（社會科學版），2017 年第 3 期。

768. 王寂所記遼金人物及其價值——以《遼東行部志》《鴨江行部志》為主的探討，吳鳳霞、邊昊，遼金史論集（第十七輯），中國社會科學出版社，2019 年。

769. 金代東北文獻《鴨江行部志》考略，安大偉、張寶坤，圖書館學刊，2017 年第 8 期。

770. 初探《松漠紀聞》——北方金國之地的歷史變遷，楊光，文化學刊，2019 年第 8 期。

771. 論《歸潛志》的主要內容和史學價值，張寶坤，哈爾濱學院學報，2017 年第 12 期。

772. 《陷遼記》中遼世宗祭奠對象考辨，屈連志，遼金歷史與考古（第七輯），遼寧教育出版社，2017 年。

773. 《說郛》本王易《燕北錄》名實問題發覆，苗潤博，文史，2017 年第 3 輯。

774. 以《北行日錄》為核心分析樓鑰使金文獻，王曉峰，文學教育（下），2017 年第 7 期。

775. 《翠微北徵錄》中的金史史料研究，李浩楠，遼金史論集（第十五輯），科學出版社，2017 年。

776. 程卓《使金錄》考論，趙永春、祝賀，史學集刊，2019 年第 6 期。

777. 再論《行程錄》的真偽問題，李寒簫，歷史教學（下半月刊），2019 年第 3 期。

778. 曉山老人《太乙統宗寶鑑》所見金朝史料輯考，邱靖嘉，文史，2016 年第 2 期。

779. 殘存《永樂大典》所收遼代史料考述，李永翔、郭豔華，北方文學（中旬刊），2017 年第 6 期。

780. 南圖所藏《永樂大典》殘頁文獻考——兼述現存《永樂大典》所載已佚金元《易》學著作四種，張雪丹，古籍整理研究學刊，2016 年第 4 期。

781. 王鶚修金史及其《金史稿》探賾，邱靖嘉，史學史研究，2016 年第 4 期。

782. 《遺山文集》與金史研究，王嶠，吉林大學博士學位論文，2016 年。

783. 《宋會要·蕃夷類·遼門》研究，孫昊，文史，2018 年第 2 期。

784. 《宋會要·蕃夷類·女真國門》箋注，孫昊，隋唐遼宋金元史論叢（第八輯），上海古籍出版社，2018 年。

785. 《魏書》《北史》「契丹傳」比較辨析，馮科，宋史研究論叢（第 25 輯），科學出版社，2019 年。

786. 唐代石刻文獻中契丹史料整理研究芻議，么乃亮、孫其媛，遼寧省博物館館刊（2019），遼海出版社，2019 年。

787. 俄藏黑水城金代《西北諸地馬步軍編冊》新探暨重命名，范學輝，歷史研究，2017 年第 1 期。

788. 俄藏黑水城金代《西北諸地馬步軍編冊》新探暨重命名，范學輝，王曾瑜先生八秩祝壽文集，科學出版社，2018 年。

789. 《孔氏祖庭廣記》的編纂特色與史學價值，李博，濟寧學院學報，2019 年第 4 期。

790. 山東地方志所見金逸文八篇，呂冠南，北方文物，2019 年第 2 期。

791. 《全遼金文》補遺八則，呂冠南，江蘇大學學報（社會科學版），2017 年第 5 期。

792. 金代縣令李搆佚文輯校，馬振君，內江師範學院學報，2017 年第 1 期。

793. 金代名士劉長言佚文輯校，馬振君，國學，2018 年第 1 期。

794. 金代「國朝文派」蔡珪佚文輯校，薛瑞兆，內江師範學院學報，2017 年第 1 期。

795. 金代翰林楊伯仁碑文輯校，鄧國軍，內江師範學院學報，2017 年第 1
期。

796. 《儒門事親》史料價值研究，李浩楠，遼金史論集（第十六輯），黑龍
江人民出版社，2017 年。

797. 黃榦書信所記金朝史料鉤沉，李浩楠，宋史研究論叢（第 21 輯），科學
出版社，2017 年。

798. 元雜劇《相國寺公孫合汗衫》中的金代史料研究，李浩楠，北方文物，
2019 年第 2 期。

799. 王仁裕《玉堂閒話》佚文三則所記契丹史料考，李浩楠，遼金歷史與考
古（第十輯），科學出版社，2019 年。

800. 楊慎《歷代史略十段錦詞話》契丹（遼）部分研究，李浩楠，遼金歷史
與考古（第十一輯），科學出版社，2020 年。

801. 國家圖書館藏鈔本「王若虛《尚書義粹》」辨偽，江曦，新世紀圖書館，
2017 年第 10 期。

802. 孫德謙稿本《金史藝文略》考論，張云，圖書館雜誌，2016 年第 4 期。

803. 孫德謙與《全金詞》，薛瑞兆，文史知識，2016 年第 8 期。

804. 民國時期的金元詞選本，周翔，南京師範大學文學院學報，2016 年第 2
期。

805. 應縣木塔葬書中的「木奴」與「天牛」考，杜成輝，遼金歷史與考古（第
九輯），科學出版社，2018 年。

806. 遼代卜筮書中的木奴與天牛考，杜成輝，敦煌研究，2019 年第 1 期。

807. 《金源紀事詩》文史價值論略，宋佳東、李宜蓬，邊疆經濟與文化，2018
年第 1 期。

808. 晚清李慎儒《遼史地理志考》研究，張劍，鎮江高專學報，2018 年第 1
期。

809. 《中州集》誤收張九成《客觀余〈孝經傳〉感而有作》考辨，呂繼北，
中國典籍與文化，2018 年第 3 期。

810. 《書目答問》著錄王鶚《汝南遺事》版本指瑕，王超凡，西南古籍研究
（2016），雲南大學出版社，2018 年。

811. 《渤海國志長編·遺裔列傳》補續，李智裕，遼金歷史與考古（第十一
輯），科學出版社，2020 年。

四、政　治

（一）政治

812. 試論遼宋西夏金時期少數民族政權的「中國觀」，馬升林、彭向前，寧夏社會科學，2020 年第 2 期。

813. 遼夏金的中華文化認同與中華民族共同體建設，王文光、江也川，煙臺大學學報（哲學社會科學版），2020 年第 4 期。

814. 怎樣認識 10 至 13 世紀中華世界的分裂與再統一，江湄，史學月刊，2019 年第 6 期。

815. 10～13 世紀民族政權對峙時期的「中國」認同，趙永春、王觀，陝西師範大學學報（哲學社會科學版），2018 年第 1 期。

816. 10～13 世紀中國歷史走向的深度分析，廖寅，吉林大學社會科學學報，2017 年第 4 期。

817. 世界史を一望する（8）東西アジアのトルコ化と契丹（キタン），岡本隆司，ちくま（556），2017 年 7 月。

818. 遼朝在中國古史譜系中的歷史定位，高福順，中國邊疆史地研究，2019 年第 2 期。

819. 多民族國家建構視野下的游牧與農耕族群互動研究——宋金時期游牧行國體制與王朝藩屬的第二次對峙和重組，李大龍，暨南學報（哲學社會科學版），2017 年第 5 期。

820. 遼朝的特點及其歷史地位：以地緣環境為中心，鄭毅，中國民族博覽，2019 年第 11 期。

821. 遼朝自居為正統的理據，郭康松，遼金史論集（第十四輯），中國社會科學出版社，2016 年。

822. 文化、群體與認同：遼朝「漢契一體」觀念的構建，周路星，陰山學刊，2019 年第 1 期。

823. 試論遼朝對正統含義的選擇和利用，侯昱，文物鑒定與鑒賞，2019 年第 14 期。

824. 遼金兩朝的二元政治，白霞，理論觀察，2017 年第 7 期。

825. 論遼金與宋對峙時期是中國歷史上的第二次南北朝，周國琴，黑龍江民族叢刊，2017 年第 1 期。

826. 五代《趙鳳墓誌》考釋——兼議契丹南下與「南北朝」問題，武文君、辛時代，宋史研究論叢（第 23 輯），科學出版社，2018 年。

827. 遼金少數民族政權建設歷史補遺，周子豪，高考，2018 年第 35 期。

828. 遼金少數民族中央政權建設歷史補遺，周子豪，中學政史地（教學指導），2019 年第 4 期。

829. 燕雲十六州問題的由來及其歸宿，覃旭，內蒙古大學碩士學位論文，2018 年。

830. 利益權衡下的政治取捨：從燕雲諸州的實際控制權看石晉割地的政治考量，李小霞，宋史研究論叢（第二十二輯），科學出版社，2018 年。

831. 契丹：一個消失的王朝，一段沉睡的歷史，楊淳惠，中國民族教育，2018 年第 4 期。

832. 「契丹」仍是中國的代名詞之一，賈知梅，遼寧日報，2018 年 8 月 16 日 T06 版。

833. 唐、遼東北民族建置設立背景比較研究，郭曉東，綏化學院學報，2017 年第 5 期。

834. 從地緣角度分析契丹民族的崛起困局——以契丹與隋、唐王朝關係演變為中心，鄭毅、龐佳，遼金歷史與考古（第十一輯），科學出版社，2020 年。

835. 遼金經略蒙古高原之比較研究，鄧英昊，哈爾濱學院學報，2017 年第 9 期。

836. 「八部聚議立王」和早期契丹的社會性質，潘靜，內蒙古社會科學（漢文版），2018 年第 1 期。

837. 迭剌部權力鬥爭與耶律阿保機建國，耿濤，中國邊疆史地研究，2017 年第 4 期。

838. 再論所謂阿保機「變家為國」問題，苗潤博，遼金歷史與考古（第七輯），遼寧教育出版社，2017 年。

839. 小議耶律阿保機建國歷史背景，杜若銘，金顏永晝：康平遼代契丹貴族墓專題，北京聯合出版公司，2019 年。

840. 契丹建國前史發覆——政治體視野下北族王朝的歷史記憶，苗潤博，歷史研究，2020 年第 3 期。

841. 被改寫的政治時間：再論契丹開國年代問題，苗潤博，文史哲，2019 年第 6 期。

842. 契丹社會組織與耶律阿保機建國，楊軍，中國邊疆史地研究，2020 年第 2 期。

843. 遼朝的建國與國號，劉鳳翥，遼金史論集（第十五輯），科學出版社，2017 年。

844. 遼朝國號再考釋，陳曉偉，文史，2016 年第 4 輯。

845. The Archaeological Study of an Inner Asian Empire : Using new Perspectives and Methods to Study the Medieval Liao Polity, Gwen P. Bennett, International *Journal of Historical Archaeology*, Vol. 20, No. 4, Special Issue: Small Finds, Big Implications: The Cultural Meaning of the Littlest Artifacts（December 2016）.

846. 契丹部落聯盟時期「王」「汗」稱號及其關係——兼論「天皇王—天皇帝」稱號及其雙重性，馮科，內蒙古社會科學（漢文版），2019 年第 6 期。

847. 遼朝追尊皇帝及其原因鉤沉，肖愛民，內蒙古社會科學（漢文版），2019 年第 2 期。

848. 遼朝皇帝尊號中頻繁使用天字的政治內涵分析，肖愛民，中國邊疆史地研究，2019 年第 1 期。

849. 遼朝皇帝廟號三題，肖愛民，河北大學學報（哲學社會科學版），2020 年第 5 期。

850. 皇族與遼朝政治研究，鐵顏顏，吉林大學博士學位論文，2019 年。

851. 遼代皇權之爭與耶律倍家族勢力發展，李宇明，遼寧工程技術大學學報（社會科學版），2017 年第 3 期。

852. 遼初木葉山祭祀與皇權加強研究，祁麗，哈爾濱師範大學碩士學位論文，2020 年。

853. 遼朝皇位繼承研究，葛華廷、王曉寧，遼金歷史與考古（第八輯），科學出版社，2017 年。

854. 遼朝「舊制」的命運抉擇，張國慶，中國遼夏金研究年鑒 2016，中國社會科學出版社，2018 年。

855. 遼金元貴族政治體制與選官制度的特色，關樹東，王曾瑜先生八秩祝壽文集，科學出版社，2018 年。

856. 都城與捺缽：遼朝政治中心之爭，康鵬，中國社會科學報，2020 年 11 月 11 日第 9 版。

857. 從皇帝巡幸西京看遼代社會的興衰，李珍梅，山西大同大學學報（社會科學版），2018 年第 6 期。

858. 遼代斡魯朵研究，楊道，吉林大學博士學位論文，2020 年。

859. 遼代斡魯朵及相關問題辨析，楊道，內蒙古社會科學（漢文版），2018 年第 6 期。

860. 遼代斡魯朵的生態價值，李碧瑤，赤峰學院學報（漢文哲學社會科學版），2018 年第 8 期。

861. 說「頭下」，康鵬，文史，2018 年第 4 輯。

862. 遼代朝貢制度研究，胡曉惠，內蒙古民族大學碩士學位論文，2020 年。

863. 論遼朝對術不姑的經略，高福順、鐵顏顏，社會科學戰線，2017 年第 6 期。

864. 牧場與契丹人的政治，楊軍，首都師範大學學報（社會科學版），2017 年第 2 期。

865. 世家大族聯姻背景下的遼朝政治生態，張國慶，遼金歷史與考古（第八輯），科學出版社，2017 年。

866. 遼代契丹人的忠德觀，桑東輝，赤峰學院學報（漢文哲學社會科學版），2017 年第 7 期。

867. 遼代契丹族人的忠誠觀念探究，徐世康，哈爾濱學院學報，2020 年第 10 期。

868. 二元決策視閾下的遼朝君臣之「問」「對」，張國慶，赤峰學院學報（漢文哲學社會科學版），2020 年第 7 期。

869. 遼朝官員「言諫」行為論略，張國慶，北方文物，2020 年第 1 期。

870. 遼代政治場域中的多元化語言環境初探——以雙語者為中心的考察，徐世康，中央民族大學學報（哲學社會科學版），2020 年第 5 期。

871. 遼代契丹文與漢文兼通者的政治文化影響，邊昊，遼金歷史與考古（第十一輯），科學出版社，2020 年。

872. 遼對渤海的統治及東京遼陽的興亡，鄭毅，黑龍江民族叢刊，2017 年第 1 期。

873. 遼代對渤海仕人的任用及選拔原則，孫煒冉，宋史研究論叢（第二十六輯），科學出版社，2020 年。

874. 東丹國遷都時間新探，耿濤，中國與域外（創刊號），韓國學術情報，2016 年。

875. 東丹國遷徙問題研究，顧婉彤，長春師範大學碩士學位論文，2019 年。

876. 東丹國存亡問題再思考，康鵬，北方文物，2019 年第 4 期。

877. 東丹國南遷規劃初探，黃為放，中國社會科學報，2020 年 7 月 20 日第 6 版。

878. 權力整合視域下的東丹國南遷研究，姜雅迪，史學集刊，2020 年第 4 期。

879. 契丹巫術與遼朝政治研究，馬馳原，河北大學碩士學位論文，2016 年。

880. 遼代避諱問題研究，姜維東、鄭麗娜，史學集刊，2018 年第 6 期。

881. 遼朝皇帝對「諫言」的心態與應對，張國慶，渤海大學學報（哲學社會科學版），2019 年第 4 期。

882. 遼朝皇帝物質賞賜略論，盧修龍、姚雯雯，山西大同大學學報（社會科學版），2019 年第 4 期。

883. 耶律阿保機嗣位者考辨——再論契丹早期王位繼承，耿濤，遼金歷史與考古（第十輯），科學出版社，2019 年。

884. 遼太宗繼位考，林鵠，北方文物，2016 年第 3 期。

885. 遼穆宗草原本位政策辨——兼評宋太祖「先南後北」戰略，林鵠，中國史研究，2016 年第 1 期。

886. 遼景宗朝的內政與外交，張鵬鵬，內蒙古大學碩士學位論文，2017 年。

887. 遼道宗時期漢族士大夫官僚群體的崛起，關樹東，隋唐遼宋金元史論叢（第七輯），上海古籍出版社，2017 年。

888. 遼朝前期「謀逆」問題研究，安潔，哈爾濱師範大學碩士學位論文，2018 年。

889. 遼朝廢后問題考述，高福順、孫偉祥，遼金史論集（第十四輯），中國社會科學出版社，2016 年。

890. 諸弟之亂與兩代後族之爭——兼論遼朝帝、后二族共治模式的形成，吳翔宇，黑龍江民族叢刊，2018 年第 6 期。

891. 子憑母貴與遼代繼位三案，曹流，中央民族大學學報（哲學社會科學版），2019 第 5 期。

892. 遼朝後族政治作為評價，孫偉祥、鐵顏顏，遼金史論集（第十七輯），中國社會科學出版社，2019 年。

893. 遼代后妃政績述略，支利峰，山西大同大學學報（社會科學版），2020 年第 6 期。

894. 遼朝漢人宰相梁穎與權臣耶律乙辛之鬥爭辨析，關樹東，中國史研究，2017 年第 4 期。

895. 耶律乙辛倒臺後的遼朝政局，關樹東，黑龍江社會科學，2020 年第 1 期。

896. 耶律乙辛集團與遼朝後期政治格局，王善軍，王曾瑜先生八秩祝壽文集，科學出版社，2018 年。

897. 再論奚人在「重元之亂」中扮演的重要角色，尤李，國際漢學研究通訊（第十二期），北京大學出版社，2016 年。

898. 遼代漢族士人的社會交往，蔣金玲，黑龍江社會科學，2017 年第 4 期。

899. 早期漢人入遼脈絡分析——以韓匡嗣夫婦墓誌材料為中心的考察，崔玲，南陽理工學院學報，2019 年第 3 期。

900. 入遼漢士研究——以澶淵之盟的簽訂為結點，周路星，內蒙古師範大學碩士學位論文，2019 年。

901. 遼末遼人政治抉擇探析，張博，中央民族大學碩士學位論文，2017 年。

902. 論遼代漢官的政治地位，蔣金玲，宋史研究論叢（第二十二輯），科學出版社，2018 年。

903. 遼「逆臣」與「姦臣」考略，鞠賀，寧夏大學學報（人文社會科學版），2016 年第 5 期。

904. 遼代德法並重治國方略初探，丁慧敏，河南社會科學，2017 年第 12 期。

905. 遼代上京的治安防範，林麗群，理論觀察，2017 年第 12 期。

906. 遼帝國的政治抉擇——以中京的建立及其與捺缽之關係為例，康鵬，東亞都城和帝陵考古與契丹遼文化國際學術研討會論文集，科學出版社，2016 年。

907. 遼聖宗期遷址黃龍府原因探析，張婉悅，中國社會科學報，2020 年 11 月 9 日第 8 版。

908. 淺談遼升幽州（北京）為陪都的原因及影響，何海平，首都博物館論叢（總第 33 輯），北京燕山出版社，2019 年。

909. 南海子從遼金到明清的政治角色，劉文鵬、姜海若，中國社會科學報，2020 年 10 月 19 日第 4 版。

910. 遼太祖天贊三年西征未及北疆浮圖城，程傑，閩江學刊，2019 年第 5 期。

911. 10 世紀契丹西征及其與轄戛斯人的交流，孫昊，歐亞學刊（新 9 輯），商務印書館，2019 年。

912. 淺析北宋與遼時期的山西，孫倩楠，現代交際，2018 年第 5 期。

913. 論宋遼時期山西的政治經濟和文化，康意，現代交際，2019 年第 18 期。

914. 遼代的黑龍江，周喜峰，奮鬥，2018 年第 22 期。

915. 契丹〔遼〕の東北経略と「移動宮廷（行朝）」：勃興期の女真をめぐる東部ユーラシア狀勢の一斷面（金・女真の歷史とユーラシア東方；金代の政治・制度・國際関係），高井康典行，アジア遊學（233），2019 年 4 月。

916. 遼朝東南部邊疆治理問題研究，武宏麗，長春師範大學碩士學位論文，2018 年。

917. 遼末南京地區政局相對穩定的歷史原因，白雪，哈爾濱師範大學社會科學學報，2018 年第 3 期。

918. 《遼史》所記貪官及其社會危害，崔莎莎，遼寧工程技術大學學報（社會科學版），2016 年第 5 期。

919. 遼西夏金「天使」考，王震，齊齊哈爾大學學報（哲學社會科學版），2016 年第 8 期。

920. 遼代後期渤海人的政治鬥爭——以興遼國和大渤海的理解為中心，羅永男，宋史研究論叢（第 19 輯），河北大學出版社，2017 年。

921. 《契丹國志》中渤海史料一則鉤沉——兼論遼太祖結援高麗，陶莎，學術交流，2016 年第 11 期。

922. 略述入金遼代漢官後人的再發展，齊偉，中國邊疆史地研究，2017 年第 1 期。

923. 宋遼叛臣問題研究，周志琪，湖南科技大學碩士學位論文，2017 年。

924. 關於西遼政權和耶律大石的幾點看法，趙運富，絲綢之路，2017 年第 10 期。

925. 從遼到西遼——耶律大石與哈剌契丹帝國建立諸問題研究（上），曹流、王蕊譯，遼金歷史與考古（第十一輯），科學出版社，2020 年。

926. 淺析遼代崇佛與其滅亡的關係，李悅，延邊教育學院學報，2019 年第 3 期。

927. 玉臂韝、海東青與遼代滅亡，袁婧，金顏永晝：康平遼代契丹貴族墓專題，北京聯合出版公司，2019 年。

928. 被歷史遺忘的角落——淺探遼末時期的「大奚帝國」，彭責軒，科技視界，2019 年第 6 期。

929. 金朝建國時間考辨，辛時代，遼金史論集（第十五輯），科學出版社，2017 年。

930. 關於金朝開國史相關材料的再思考與新認識，葉帥，學習與探索，2018 年第 5 期。

931. 白山黑水 金戈鐵馬——女真建立的金朝政權，關切，黑龍江史志，2016 年第 3 期。

932. 金代女真國家文明的發生及其社會形態研究，李秀蓮，哈爾濱師範大學社會科學學報，2018 年第 1 期。

933. 是酋邦，還是國家？——再論金朝初年女真政權的國家形態，程妮娜，陝西師範大學學報（哲學社會科學版），2020 年第 4 期。

934. 金室完顏部の勃興：その構造面の試論的考察，富田健次，立命館東洋史學（43），2020 年。

935. 巫術與金代皇權關係研究，周永川，河北大學碩士學位論文，2018 年。

936. 異象、夢兆與儀式：論巫術在金太祖反遼建國中的作用，周永川，集寧師範學院學報，2018 年第 1 期。

937. 金人自稱「中國」的階段性特點及其發展進程，趙永春、馬溢澳，黑龍江社會科學，2017 年第 2 期。

938. 禮制視域下金代帝王的「大中國」意識，徐潔，通化師範學院學報，2019 年第 7 期。

939. 金代對華夷之辨的回應與重構，張笑歌，文化創新比較研究，2019 年第 23 期。

940. 試論金代塑造正統地位的舉措——以祭祀名山大川為例，龐倩、王龍，遼金歷史與考古（第七輯），遼寧教育出版社，2017 年。

941. 金國（女真）の興亡とユーラシア東方情勢（金・女真の歷史とユーラシア東方；金代の政治・制度・國際關係），古松崇志，アジア遊學（233），2019 年 4 月。

942. 猛安・謀克について（金・女真の歷史とユーラシア東方；金代の政治・制度・國際關係），武田和哉，アジア遊學（233），2019 年 4 月。

943. 論述金代兄終弟及傳統與政治動盪之聯繫，趙聰，瀋陽工程學院學報（社會科學版），2017 年第 4 期。

944. 淺析金朝皇位繼承制度，薛振威，蘭臺世界，2020 年第 11 期。

945. 金朝權臣與皇權的關係及其特點，張念一，佳木斯大學社會科學學報，2020 年第 2 期。

946. 論金朝政治制度建設及歷史影響，姚雯雯、吳傳剛，黑龍江民族叢刊，2018 年第 2 期。

947. 從「強狄」到「正統」：史籍所見高麗君臣心中的金朝形象，陳俊達，域外漢籍研究集刊（第十八輯），中華書局，2018 年。

948. 肅慎係民族對長白山的崇拜與祭祀，孫煒冉，中央民族大學學報（哲學社會科學版），2017 年第 3 期。

949. 渤海遺民集團與金朝宮廷社會，苗霖霖，遼金史論集（第十四輯），中國社會科學出版社，2016 年。

950. 渤海遺民集團與金朝宮廷政治，苗霖霖，宋史研究論叢（第 21 輯），科學出版社，2017 年。

951. 金朝「誅首惡」歷史演變探析，王家樂、于冬萃，赤峰學院學報（漢文哲學社會科學版），2016 年第 6 期。

952. 吏員集團與金代政治關係芻論，王雷、趙少軍，內蒙古民族大學學報（社會科學版），2017 年第 3 期。

953. 金朝忠義問題研究：以《金史‧忠義傳》為中心，張雪，哈爾濱師範大學碩士學位論文，2018 年。

954. 金代的忠德觀念及忠義狀況，桑東輝，武陵學刊，2019 年第 3 期。

955. 金初德運芻議——兼論金軍的旗幟與服裝，曾震宇，研宋三集，香港研宋學會，2016 年。

956. 金朝前期「漢制」改革研究，呂瑞瑞，哈爾濱師範大學碩士學位論文，2018 年。

957. 金代皇帝對官員的物質賞賜，李孌孌，文存閱刊，2018 年第 8 期。

958. 金代宮廷宴飲活動研究，李大偉，遼寧師範大學碩士學位論文，2020 年。

959. 金代臣僚受杖問題研究，丁瑜，遼寧大學碩士學位論文，2020 年。

960. 遼宋漢官仕金比較研究，李曉輝，吉林大學碩士學位論文，2018 年。

961. 遼代燕雲漢人的政治認同研究，隨繼康，蘭州大學碩士學位論文，2020 年。

962. 由遼仕金官吏群體「忠義」抉擇研究，劉智博，哈爾濱師範大學碩士學位論文，2020 年。

963. 有關宋金之交華北的歷史書寫，宋燕鵬，隋唐遼宋金元史論叢（第九輯），上海古籍出版社，2019 年。

964. 「隴蜀之城」吳家將抗金歷史文化遺跡及其開發保護，溫虎林，天水師範學院學報，2019 年第 2 期。

965. 選擇之後——金朝南人文士的心靈世界，沈圓圓，山東大學碩士學位論文，2018 年。

966. 金代君主的信息渠道研究——以近侍局為中心的考察，崔健，遼寧師範大學碩士學位論文，2018 年。

967. 內外之間：試論金代近侍局官員與君主的信息傳遞，崔健，周口師範學院學報，2018 年第 3 期。

968. 金代為加強在東北地區的統治所採取的措施及其效果，張寶珅，遼寧工程技術大學學報（社會科學版），2017 年第 4 期。

969. 金朝加強東北統治的措施——以民族政策和邊防為例，李碩，蘭臺世界，2017 年第 21 期。

970. 從文獻和考古遺存看東夏王朝興衰始末，林碩，長春市委黨校學報，2017 年第 6 期。

971. 論金朝對其北部邊疆的有效管轄，周國琴，內蒙古民族大學學報（社會科學版），2017 年第 3 期。

972. Attitudes Toward the Northeast Frontier in the Travel Diaries of the Jin Dynasty Literati-Official Wang Ji（1128～1194），Jesse Sloane，（韓國）中國語文論譯叢刊（第 41 輯），2017.07.

973. 金朝對遼南地區的統治及社會面貌解析，王萬濤，旅順博物館學苑（2019），萬卷出版公司，2020 年。

974. 金代西京路的邊防與民族治理研究，于泳，蘭州教育學院學報，2020 年第 6 期。

975. 金代在東北地區倡導清廉奉公的舉措，孫凌晨，中國社會科學報，2019 年 10 月 30 日第 8 版。

976. 金代懿州的契丹人與女真人，武文君，遼寧工程技術大學學報（社會科學版），2016 年第 5 期。

977. 《遺山文集》與金朝黨獄研究，王嶠，史學集刊，2016 年第 1 期。

978. 「正隆南征」的原因與其歷史意義的消殞，李秀蓮、方智，黑龍江社會科學，2018 年第 1 期。

979. 金代正隆年間山東「盜賊」頻起及其原因探析，王甜，遼寧工程技術大學學報（社會科學版），2017 年第 6 期。

980. 金世宗大定年間的華北社會動亂，曹文瀚，遼金史論集（第十四輯），中國社會科學出版社，2016 年。

981. 再論金朝中葉猛安謀克戶的貧困化——以世宗、章宗朝為主，周睿立，華岡史學（第 7 期），2020 年 3 月。

982. 金朝章宗宣宗立皇后事件探析，閆興潘，遼金史論集（第十七輯），中國社會科學出版社，2019 年。

983. 金章宗時期的華北社會動亂與應對政策，曹文瀚，中央民族大學學報（哲學社會科學版），2019 年第 6 期。

984. 明昌進士與金代地方治理研究，侯震、張洪瑋，地域文化研究，2019 年第 3 期。

985. 金朝後期泰州軍政長官考略，孫文政，黑河學院學報，2019 年第 6 期。

986. 無奈而合理的抉擇：對金朝「貞祐南遷」事件的再探討——附杉山正明《馳騁的草原征服者》中的一處疏漏，李嗣源，文化學刊，2020 年第 5 期。

987. 「貞祐南渡」後金王朝財政困局的應對與影響，王璐，西部學刊，2017 年第 9 期。

988. 金哀宗棄汴遷蔡始末考論，李俊，佳木斯大學社會科學學報，2020 年第 4 期。

989. 宋金對河州的經略——以買地券為中心的考察，他維宏、康兆慶，青海民族大學學報（社會科學版），2016 年第 3 期。

990. 遼金少數民族政權儒學治國理念指導下的廉政實踐，林娜，遼寧師範大學碩士學位論文，2017 年。

991. 金代的德政去思碑，王明蓀，遼金史論集（第十六輯），黑龍江人民出版社，2017 年。

992. 金代貪官及其身份特點，崔莎莎，遼寧工程技術大學學報（社會科學版），2018 年第 1 期。

993. 試論東夏的文化內涵，蔣戎，社會科學戰線，2018 年第 8 期。

994. 遼金滅亡原因比較研究，王浩然，東北師範大學碩士學位論文，2017 年。

995. 駁「金以儒亡」——簡析金朝的崇儒政策及金亡原因，張寶珅，佳木斯大學社會科學學報，2017 年第 4 期。

996. 論「金以儒亡」與金朝推行漢化的影響，張昊，邊疆經濟與文化，2018 年第 3 期。

997. 金朝亡於漢化？關山遠，領導文萃，2018 年第 24 期。

998. 興亡千古事，勝負一枰棋——耶律楚材有關「金亡」的兩首詩作釋證，路元敦、裴興榮，山西大同大學學報（社會科學版），2018 年第 6 期。

999. 金末元初山西文人群體研究，郭明，陝西師範大學碩士學位論文，2017 年。

1000. 金元時期澤州文人群體研究，覃芩，山西師範大學碩士學位論文，2017 年。

1001. 金宋元易代時期文人的行為選擇及其心態分析，趙靈，江南大學碩士學位論文，2018 年。

1002. 金末元初蘇門山士人群體研究，馬奧遠，廣西師範大學碩士學位論文，2018 年。

1003. 金元之際北方地區政治秩序重建與漢人軍功家族研究，王翠柏，武漢大學博士學位論文，2017 年。

1004. 金蒙之際的漠南山後地區，鄧進榮，內蒙古大學博士學位論文，2018 年。

1005. 金元興替之際山東地區政局研究：以益都李氏家族探討為，寧波，中國社會科學院歷史研究所博士後出站報告，2018 年。

1006. 金元之際的雁北人軍侯：以韓、高二氏為考察中心，鄧進榮，東アジア歷史文化研究所論文集（1），2018 年。

1007. 紅襖─忠義軍與「益都李氏」之生成新考，李春圓，暨南史學（第 20 輯），暨南大學出版社，2019 年。

1008. 試論楊妙真、李璮時期（1231～1262 年）的山東，曹文瀚，宋史研究論叢（第二十二輯），科學出版社，2018 年。

1009. 蒙宋結盟與金國的滅亡，石磊，文史天地，2019 年第 9 期。

1010. 統編版教科書《學習聚焦》欄目特色與教學策略──以「遼夏金元的統治」一課為例，朱洪俊，中學歷史教學參考，2020 年第 11 期。

1011. 民族交融謀發展　推陳出新創偉業──高中歷史部編新教材「遼夏金元的統治」教學設計，朱華，歷史教學（上半月刊），2020 年第 2 期。

1012. 「流動」的王朝──「遼宋夏金元的經濟與社會」教學設計，苗穎，歷史教學（上半月刊），2020 年第 2 期。

1013. 家國情懷在高中少數民族史教學中的滲透芻議──以《遼夏金元的統治》的教學為例，樊紅丹，中學政史地（教學指導），2020 年第 12 期。

（二）制度

1014. 契丹早期職官探究，辛時代，渤海大學學報（哲學社會科學版），2017 年第 5 期。

1015. 遼朝官員的本官、實職與階及其關係──以遼代碑誌文為中心，王玉亭，遼金史論集（第十四輯），中國社會科學出版社，2016 年。

1016. 兩面官制是對中國的一大貢獻，陳琳琳，遼寧日報，2018 年 8 月 16 日 T07 版。

1017. 公元 920 年代：遼朝設立南北面官制度，張熙惟，中國紀檢監察報，2020 年 7 月 10 日第 5 版。

1018. 遼代選官制度芻議，武玉環，契丹學研究（第一輯），商務印書館，2019 年。

1019. 中國古代社會官吏文化制度與體制建設——契丹官吏世選的個案分析，楊軍、王成名，延邊大學學報（社會科學版），2017 年第 3 期。

1020. 芻議遼朝後宮品級制度，鞠賀，遼寧工程技術大學學報（社會科學版），2016 年第 6 期。

1021. 遼代東宮官制的特點，車欣，卷宗，2018 年第 12 期。

1022. 遼代封爵制度研究，李忠芝，吉林大學博士學位論文，2016 年。

1023. 遼代五等爵考論，郭威、李忠芝，北方文物，2017 年第 2 期。

1024. 遼代郡王封授初探，李忠芝，黑龍江社會科學，2016 年第 3 期。

1025. 《遼史》王爵封授考補三則，李忠芝，古籍整理研究學刊，2016 年第 2 期。

1026. 遼代職官俸祿制度初探，武玉環，學習與探索，2017 年第 3 期。

1027. 遼代職官俸祿制度考述，武玉環，遼金史論集（第十六輯），黑龍江人民出版社，2017 年。

1028. 遼朝官員的考績與遷轉探賾，張國慶，中國史研究，2017 年第 2 期。

1029. 遼朝官員謚號贈賜初探，李月新，保定學院學報，2017 年第 6 期。

1030. 遼朝官員謚號贈賜初探，李月新，契丹學研究（第一輯），商務印書館，2019 年。

1031. 遼代駙馬群體研究，張功遠，吉林大學碩士學位論文，2016 年。

1032. 遼朝郎君考述，樂日樂，遼金歷史與考古（第九輯），科學出版社，2018 年。

1033. 遼朝郎君再考述，樂日樂，內蒙古民族大學學報（社會科學版），2018 年第 3 期。

1034. 遼「本班郎君」非本部族之郎君考辨，樂日樂，北方文物，2018 年第 3 期。

1035. 試論遼代祗候郎君，王為民，文物鑒定與鑒賞，2020 年第 15 期。

1036. 遼代使職述論，任仲書，遼金史論集（第十六輯），黑龍江人民出版社，2017 年。

1037. 「肇跡王業」——契丹于越研究，洪緯，地域文化研究，2019 年第 3 期。

1038. 契丹建遼前後北南宰相府職能轉變與地位變遷，張宏利，保定學院學報，2019 年第 4 期。

1039. 遼代大惕隱司探討，何天明，朔方論叢（第五輯），內蒙古大學出版社，2016 年。

1040. 遼朝惕隱研究，鞠賀，西北民族大學學報（哲學社會科學版），2019 年第 1 期。

1041. 遼代樞密院及其官員群體研究，王成名，吉林大學博士學位論文，2018 年。

1042. 遼朝樞密院一院多使現象與制度淵源，孫大坤，史學集刊，2020 年第 1 期。

1043. 淺析遼代樞密制度的演變及影響，陳佳美思，佳木斯大學社會科學學報，2017 年第 2 期。

1044. 遼代翰林院制度研究，王紫娟，遼寧師範大學碩士學位論文，2020 年。

1045. 遼代中央司法機構官員的選任研究，謝環環，遼寧師範大學碩士學位論文，2017 年。

1046. 遼代夷離畢院官員選任研究，謝環環，湖北函授大學學報，2017 年第 4 期。

1047. 契丹諸行宮都部署院，黃為放，中國社會科學報，2017 年 5 月 25 日第 8 版。

1048. 遼代五京警巡院研究，韓光輝、田海、代瑩，北京史學論叢（2016），中國社會科學出版社，2017 年。

1049. 《遼史‧百官志》「殿前都點檢司」事目考源疏證，姚慶，中國典籍與文化，2017 年第 1 期。

1050. 遼朝內侍制度研究，盧修龍，吉林大學碩士學位論文，2020 年。

1051. 遼朝的東、西上閣門司探析，李月新，北方文物，2017 年第 4 期。

1052. 遼朝「漢兒司」探析，馮科，朔方論叢（第六輯），內蒙古大學出版社，2017 年。

1053. 遼代南面地方財政機構研究，付亞洲，內蒙古大學碩士學位論文，2020
年。

1054. 遼朝東京地方政務運行機制，王旭東，渤海大學學報（哲學社會科學
版），2017 年第 5 期。

1055. 遼朝東京留守的選任及其特點，王旭東，蘭臺世界，2017 年第 10 期。

1056. 遼代南京三司研究，付亞洲，廣播電視大學學報（哲學社會科學版），
2018 年第 1 期。

1057. 遼朝西南面招討使研究，彭文慧，赤峰學院學報（漢文哲學社會科學
版），2016 年第 4 期。

1058. 遼朝西南路招討司史實辨誤，程嘉靜，中國社會科學報，2020 年 12 曰
16 日第 10 版。

1059. 遼朝節鎮體制研究，陳俊達，吉林大學博士學位論文，2019 年。

1060. 遼代節鎮體制研究，陳俊達、楊軍，古代文明，2018 年第 2 期。

1061. 遼代節鎮體制的創立與定型，陳俊達、楊軍，宋史研究論叢（第 23 輯），
科學出版社，2018 年。

1062. 遼代節鎮體制的唐五代淵源，陳俊達、楊軍，唐史論叢（第二十九輯），
三秦出版社，2019 年。

1063. 遼代節鎮建制的發展與演變，陳俊達、楊軍，中央民族大學學報（哲學
社會科學版），2018 年第 4 期。

1064. 遼代節鎮體制相關文獻辨析，陳俊達、孫國軍，赤峰學院學報（漢文哲
學社會科學版），2019 年第 4 期。

1065. 遼代節鎮使府文職僚佐考，陳俊達，遼金歷史與考古（第十一輯），科
學出版社，2020 年。

1066. 遼代五國部節度使研究，陶文芳、姜維公，長春師範大學學報，2020 年
第 9 期。

1067. 遼代奉聖州節度使研究，陳德洋，宋史研究論叢（第 25 輯），科學出版
社，2019 年。

1068. 遼代錦州臨海軍節度使研究，陳天宇，渤海大學碩士學位論文，2016
年。

1069. 遼代平州節度使的選任及其特點，吳鳳霞、武文君，內蒙古社會科學
（漢文版），2016 年第 1 期。

1070. 遼代都統名稱源流考，李俊，西部學刊，2020 年第 23 期。

1071. 遼代吏制研究，史宇軒，山東大學碩士學位論文，2020 年。

1072. 遼、北宋群（監）牧制度比較研究，吳曉傑，河北大學碩士學位論文，
2019 年。

1073. 遼代巡檢制度考述，李碧瑤，東北亞研究論叢（第 11 輯），商務印書館，
2019 年。

1074. 宋朝監察制度與遼、金監察制度的比較，孫娜，文化學刊，2018 年第 5
期。

1075. 遼代軍事監察制度新探——兼析《遼史·百官志》「監軍」、「都監」諸
問題，李碧瑤，北方文物，2018 年第 3 期。

1076. 女真族の部族社會と金朝官制の歷史的変遷（金·女真の歷史とユー
ラシア東方；金代の政治·制度·國際関係），武田和哉，アジア遊學
（233），2019 年 4 月。

1077. 金朝酋邦社會形態下勃極烈官制始末，李秀蓮、劉智博，遼金歷史與考
古（第十輯），科學出版社，2019 年。

1078. 金初「勃極烈」研究三題，王嶠，宋史研究論叢（第 25 輯），科學出版
社，2019 年。

1079. 勃極烈制度與議政王大臣會議制度比較研究——從制度改革的相似性
出發，馬林瑩，黑龍江工業學院學報（綜合版），2018 年第 4 期。

1080. 論金代女真人的「超遷格」——民族關係影響下的職官制度變革，閆興
潘，歷史教學（下半月刊），2019 年第 9 期。

1081. 金代職事官超遷現象探析，張又天，河北北方學院學報（社會科學版），
2020 年第 3 期。

1082. 金代駙馬群體研究，姜雨，渤海大學碩士學位論文，2020 年。

1083. 金朝駙馬都尉考論，程妮娜、彭贊超，社會科學戰線，2020 年第 4 期。

1084. 金代駙馬都尉探析，姜雨，白城師範學院學報，2019 年第 3 期。

1085. 金代郎君考，樂日樂，宋史研究論叢（第 23 輯），科學出版社，2018 年。

1086. 再論金朝的「三師三公」，田曉雷，蘭州大學學報（社會科學版），2020
年第 5 期。

1087. 金朝宗室及皇子任樞密使考，胡珀，中國社會科學報，2018 年 7 月 5 日
第 7 版。

1088. 金代文官制度研究，張迪，山東大學碩士學位論文，2018 年。

1089. 金朝薦舉制度探析，袁成、宋卿，齊齊哈爾大學學報（哲學社會科學版），2019 年第 5 期。

1090. 金代大定年間薦舉制度的確立與運行探析，里景林，河北北方學院學報（社會科學版），2019 年第 4 期。

1091. 金章宗時期選官制度研究，關璐瑩，哈爾濱師範大學碩士學位論文，2019 年。

1092. 金代審官院研究——兼論有金一代的選官與皇權關係，王嶠，遼金史論集（第十七輯），中國社會科學出版社，2019 年。

1093. 金代蔭補制度再研究——關於金世宗改亡宋官用蔭並同亡遼官的探討，吳詩銘，山西青年，2019 年第 15 期。

1094. 金朝門蔭制度新論，王嶠，河北師範大學學報（哲學社會科學版），2017 年第 5 期。

1095. 金代漢制封爵的爵稱與爵序——《金史·百官志》「封爵」條的勘誤與補遺，孫紅梅，北方文物，2016 年第 1 期。

1096. 金代金源郡王封爵研究，孫紅梅，內蒙古社會科學，2020 年第 2 期。

1097. 金朝品官諡號考，苗霖霖，宋史研究論叢（第 22 輯），科學出版社，2018 年。

1098. 金朝官員諡號考略，苗霖霖，滿族研究，2017 年第 2 期。

1099. 金朝贈官制度述略——以官民自身卒歿贈官為中心，高雲霄，遼東學院學報（社會科學版），2020 年第 5 期。

1100. 金代品官父祖封贈制度探析，孫紅梅，史學月刊，2020 年第 10 期。

1101. 金代品官命婦封贈制度考，王姝，首都師範大學學報（社會科學版），2016 年第 1 期。

1102. 金代職官致仕制度考述，武玉環，吉林大學社會科學學報，2016 年第 1 期。

1103. 金代致仕問題研究，張雙雙，吉林大學碩士學位論文，2017 年。

1104. 金代致仕官員待遇問題管窺，張雙雙，遼金史論集（第十六輯），黑龍江人民出版社，2017 年。

1105. 金朝除名製度研究，張宸，遼寧師範大學碩士學位論文，2020 年。

1106. 金代官員除名製度探析，高雲霄，河北北方學院學報（社會科學版），2019 年第 4 期。

1107. 金代官員結銜中的職官探析——以金代石刻為基礎，宋卿，中央民族大學學報（哲學社會科學版），2020 年第 4 期。

1108. 金代官員結銜樣式考——以石刻資料為基礎，宋卿，宋史研究論叢（第 26 輯），科學出版社，2020 年。

1109. 金朝潛邸出身官員群體研究，袁成，吉林大學碩士學位論文，2020 年。

1110. 金代親王府屬官研究，孫紅梅，史學集刊，2017 年第 6 期。

1111. 金末三司初探，郭威，博物館研究，2017 年第 4 期。

1112. 金朝閣門司研究，李希言，吉林大學碩士學位論文，2018 年。

1113. 金代樞密院研究，張喜豐，吉林大學博士學位論文，2019 年。

1114. 金代殿前都點檢司長貳官群體研究，耿改平，吉林大學碩士學位論文，2020 年。

1115. 金代太常寺的設置與職能，卜曉菲，佳木斯大學社會科學學報，2020 年第 4 期。

1116. 金朝中央政務研究——以尚書省左右司為中心，田曉雷，中央民族大學學報（哲學社會科學版），2018 年第 3 期。

1117. 金代尚書省令史研究，郭曉東，吉林大學碩士學位論文，2018 年。

1118. 金代尚書省令史選任制度考論，郭曉東，中央民族大學學報（哲學社會科學版），2020 年第 2 期。

1119. 金朝六部分司和郎官架構考論，田曉雷，史學集刊，2020 年第 5 期。

1120. 金朝員外郎的民族構成探析，邱華偉，綿陽師範學院學報，2020 年第 6 期。

1121. 試論金代戶部機構，郭威，東北亞研究論叢（第 11 輯），商務印書館，2019 年。

1122. 金朝禮部設立考論，孫久龍，陝西師範大學學報（哲學社會科學版），2017 年第 5 期。

1123. 金代禮部職官籍貫分布探究，孫久龍，宋史研究論叢（第 22 輯），科學出版社，2018 年。

1124. 金代兵部尚書民族性考論，宋卿，西南民族大學學報（人文社科版），2019 年第 6 期。

1125. 金代刑部官員群體研究，滕立銘，吉林大學碩士學位論文，2019 年。

1126. 金代工部尚書的民族特徵，邱華偉，長江論壇，2020 年第 1 期。

1127. 金代「太子太保」述論，田曉雷，宋史研究論叢（第 20 輯），科學出版社，2017 年。

1128. 金代司法機構官員的選任管理制度研究，姜宇，遼寧師範大學碩士學位論文，2017 年。

1129. 金代提刑使與按察使群體研究，王思玉，吉林大學碩士學位論文，2017 年。

1130. 論金代宣撫使與金末時局，趙鑒鴻，佳木斯大學社會科學學報，2016 年第 2 期。

1131. 金代護衛述論，王嶠，河北師範大學學報（哲學社會科學版），2016 年第 2 期。

1132. 金代符寶郎考論，張寶坤，宋史研究論叢（第 25 輯），科學出版社，2019 年。

1133. 宋金元市令司小考，廖寅，河北師範大學學報（哲學社會科學版），2017 年第 1 期。

1134. 金代諸京留守研究，張冰，吉林大學博士學位論文，2018 年。

1135. 金代北京留守述論，楊軍、張冰，黑龍江民族叢刊，2017 年第 4 期。

1136. 金代東京留守司初探，姜宇，商丘師範學院學報，2016 年第 1 期。

1137. 金代西京留守述論，張冰，江西社會科學，2017 年第 1 期。

1138. 金代南京（汴京）留守選任與轉遷考論，張冰、楊軍，宋史研究論叢（第 22 輯），科學出版社，2018 年。

1139. 金代曷蘇館路與烏古敵烈統軍司設置沿革及其記在上京路之下的原因，孫文政、宛文君，理論觀察，2016 年第 1 期。

1140. 金代前期州軍節度使群體研究，何雪娜，吉林大學碩士學位論文，2017 年。

1141. 金代節度使研究綜述，何雪娜，博物館研究，2016 年第 3 期。

1142. 金代許州昌武軍節度使的用人及任期研究，李浩楠，北方文物，2016 年第 2 期。

1143. 金初泰州軍政長官考略，孫文政，齊齊哈爾大學學報（哲學社會科學版），2018 年第 11 期。

1144. 金朝群牧研究，鄭成龍，滿語研究，2018 年第 1 期。

1145. 金代群牧所變遷芻議，鄭成龍，學習與探索，2019 年第 7 期。

1146. 金代泰山文士仕宦問題探析，盧修龍，泰山學院學報，2019 年第 2 期。

1147. 金代地方吏員相關問題探討，王雷，遼寧省博物館館刊（2017），遼海出版社，2018 年。

1148. 金代吏員制度評價，王雷，內蒙古民族大學學報（社會科學版），2018 年第 3 期。

1149. 官制視野下金代吏員制度的民族特質探析，王雷、趙少軍，北方文物，2020 年第 3 期。

1150. 中國古代監察制度初探——以金代提刑司、按察司為例，王思玉、蘭庚澤，山西青年，2016 年第 20 期。

1151. 金代提刑司研究，王思玉，遼金史論集（第十七輯），中國社會科學出版社，2019 年。

1152. 遼金元的警巡院制與巡警的組織建設，陳鴻彝，中國法治文化，2016 年第 11 期。

1153. 利益分配與制度選擇——金元轉運制度比較分析，陳志英，陰山學刊，2016 年第 1 期。

1154. 遼金元法制的漢化歷程，沈瑋瑋，民主與法制時報，2018 年 5 月 31 日第 2 版。

1155. 國家制度變遷中的「邊疆資源」——遼代法制儒家化再思考，李文軍，中央民族大學學報（哲學社會科學版），2019 年第 4 期。

1156. 文化認同視域下的遼代立法與司法實踐，孫海虹、李玉君，遼金史論集（第十四輯），中國社會科學出版社，2016 年。

1157. 遼朝藩漢分治法制模式略論，冀明武，北方文物，2016 年第 3 期。

1158. 淺議遼代司法中「南北面官」制度對高麗的影響，馬天，赤峰學院學報（漢文哲學社會科學版），2016 年第 10 期。

1159. 遼朝軍法初探，田富，北方文物，2020 年第 5 期。

1160. 「射鬼箭」考，崔靜敏，赤峰學院學報（漢文哲學社會科學版），2019 年第 11 期。

1161. 遼代連坐制探析——兼與契丹籍沒法比較，程麒，河北北方學院學報（社會科學版），2019 年第 5 期。

1162. 遼朝的錄囚制度，朱蕾，遼金史論集（第十四輯），中國社會科學出版社，2016 年。

1163. 遼代官吏贓罪考，鄧齊濱、李沖，北方文物，2016 年第 3 期。

1164. 遼金元：中華法治更新的民族推手，陳鴻彝，中國法治文化，2016 年第 9 期。

1165. 碑刻資料所見金代法律制度及其特色，周鯤，雞西大學學報，2016 年第 1 期。

1166. 從金朝法制倫理化構建看儒家文化的向心力，李玉君、何博，江漢論壇，2016 年第 3 期。

1167. 金代法制變革與民族文化認同，李玉君、崔健，第四屆海峽兩岸「宋代社會文化」學術研討會論文集，（臺灣）中國文化大學華岡出版部，2016 年。

1168. 金代法制變革與民族文化認同，李玉君，遼金史論集（第十五輯），科學出版社，2017 年。

1169. 金朝の立法・刑罰・裁判，佐立治人，関西大學法學論集（65-6），2016 年。

1170. 金代「天眷新制」對高麗王朝司法體系的影響，馬天、姜德鑫，北華大學學報（社會科學版），2016 年第 6 期。

1171. 金代濟貧法律制度研究，郭海霞，北方文物，2019 年第 4 期。

1172. 金代辟舉縣令法探賾，里景林，保定學院學報，2020 年第 1 期。

1173. 金代職官犯罪與刑罰述論，武玉環，遼金歷史與考古（第九輯），科學出版社，2018 年。

1174. 金朝「衛禁之法」研究，劉國旭，哈爾濱師範大學碩士學位論文，2020 年。

1175. 金代婚姻法制研究，黃可嘉，黑龍江大學碩士學位論文，2017 年。

1176. 對金代提點刑獄的幾點認識，曹國群、李剛，遼金歷史與考古（第十輯），科學出版社，2019 年。

1177. 從《松漠紀聞》看金初刑法特點，姜雨、孫紅梅，內蒙古民族大學學報（社會科學版），2018 年第 6 期。

1178. 十三世紀之前北方民族與中原王朝偷盜罪法律規定比較研究，范驊，內蒙古大學碩士學位論文，2016 年。

1179. 金朝與西夏盜竊法比較研究，周峰，遼金歷史與考古（第七輯），遼寧教育出版社，2017 年。

1180. 遼代制度文化的兼容與變通——基於契丹君主文化追求的考察，吳鳳霞，渤海大學學報（哲學社會科學版），2020 年第 1 期。

1181. 遼朝禮制研究，王凱，吉林大學博士學位論文，2017 年。

1182. 箕子八條之教與遼朝禮制淵源考論，李月新，內蒙古社會科學（漢文版），2018 年第 5 期。

1183. 遼朝禮典編修鈎沉，李月新，史志學刊，2018 年第 1 期。

1184. 華風與夷俗：遼朝吉禮初探，王凱，史學集刊，2017 年第 1 期。

1185. 遼代國家祭祀禮俗研究，靳運潔，天津師範大學碩士學位論文，2016 年。

1186. 契丹禮儀中的祭天現象，楊釗、趙敏豔，赤峰學院學報（漢文哲學社會科學版），2016 年第 11 期。

1187. 遼代告廟儀與謁廟儀探微，朱丹丹，遼寧工程技術大學學報（社會科學版），2016 年第 6 期。

1188. 契丹皇帝的祖先崇拜與祖先祭祀，鞠賀，綏化學院學報，2017 年第 6 期。

1189. 遼代皇帝祭祀先祖行為分析，高科冕，北方文物，2017 年第 2 期。

1190. 試論遼朝太祖時期的宗廟制度構建，康建國、李月新，赤峰學院學報（漢文哲學社會科學版），2018 年第 12 期。

1191. 試論遼朝太宗時期的宗廟制度，李月新、齊建萍，遼寧師範大學學報（社會科學版），2019 年第 1 期。

1192. 遼代的宗廟與御容殿，萬雄飛，邊疆考古研究（第 27 輯），科學出版社，2020 年。

1193. 遼朝中後期的宗廟設置述論，李月新，赤峰學院學報（漢文哲學社會科學版），2020 年第 9 期。

1194. 契丹民族再生儀淺析，石森、姜維東，長春師範大學學報，2016 年第 11 期。

1195. 契丹柴冊禮的儀式構建與精神旨趣，李月新，赤峰學院學報（漢文哲學社會科學版），2018 年第 5 期。

1196. 試探遼朝柴冊儀之壇及相關的兩個問題，葛華廷，宋史研究論叢（第 23 輯），科學出版社，2018 年。

1197. 遼朝柴冊儀芻議，王凱，遼金史論集（第十七輯），中國社會科學出版社，2019 年。

1198. 窺探柴冊禮政治功能的轉變——以《遼史》為中心，宋思楠、賈淑榮，長江叢刊，2020 年第 30 期。

1199. 遼朝的黑山祭祀探析，李月新，赤峰學院學報（漢文哲學社會科學版），2016 年第 10 期。

1200. 遼朝「入閣禮」考論，李月新，史學集刊，2016 年第 4 期。

1201. 契丹古老政治禮俗在遼代長期留存原因，郭曉東，遼寧工程技術大學學報（社會科學版），2016 年第 5 期。

1202. 試論遼代節日朝賀制度的建構，胡曉惠，赤峰學院學報（漢文哲學社會科學版），2020 年第 3 期。

1203. 遼朝旌表制度研究，葛志嬌，吉林大學碩士學位論文，2016 年。

1204. 遼代治安制度研究，林麗群，內蒙古民族大學碩士學位論文，2018 年。

1205. 遼朝國家養老制度初探，李月新，遼寧師範大學學報（社會科學版），2018 年第 1 期。

1206. 宋遼金元鐵券考，關樹東，北方文物，2018 年第 4 期。

1207. 遼金符牌制度沿革，彭軍超，哈爾濱學院學報，2018 年第 7 期。

1208. 遼代旗鼓研究：以遼墓壁畫為中心，肖冬男，中國人民大學碩士學位論文，2018 年。

1209. 「禮治」在金朝社會秩序的確立，郭海霞，北方文物，2016 年第 1 期。

1210. 金代社稷之禮再探，任文彪，史學月刊，2016 年第 1 期。

1211. 金代國家祭禮的政治和社會功效，徐潔，白城師範學院學報，2017 年第 9 期。

1212. 金代郊天禮考論，徐潔，北方文物，2020 年第 4 期。

1213. 金代嶽鎮海瀆祭祀研究，孔維京，遼寧師範大學碩士學位論文，2018 年。

1214. 金代的長白山封祀——兼論金朝山川祭祀體系的二元特徵，邱靖嘉，民族研究，2019 年第 3 期。

1215. 長白山冊封始於金代，王德忠、孫大川，遼金歷史與考古（第十輯），科學出版社，2019 年。

1216. 野蠻與文明：金國牽羊獻俘禮管窺，杜凱月，地方文化研究，2020 年第 2 期。

1217. 金代帝後上諡制度研究，劉小玉，遼寧師範大學碩士學位論文，2020年。

1218. 金代避諱補考，馮先思，歷史文獻研究（總第 45 輯），廣陵書社，2020年。

1219. 金朝護喪制度考，苗霖霖，北方文物，2017 年第 3 期。

1220. 金朝的國家監護喪事考，苗霖霖，遼金史論集（第十六輯），黑龍江人民出版社，2017 年。

1221. 金朝旌表制度研究，李世玉，內蒙古民族大學碩士學位論文，2019 年。

1222. 金代優撫措施研究，白雪，渤海大學碩士學位論文，2018 年。

1223. 金朝輿服制度建構研究，李薆，藝術設計研究，2017 年第 1 期。

1224. 試論金朝的文書檔案事業，吳榮政，佛山科學技術學院學報（社會科學版），2019 年第 3 期。

1225. 金代度量衡研究，王曉靜，吉林大學碩士學位論文，2016 年。

1226. 古代道路計步測里與遼代里長新考，李俊義、胡廷榮，遼金史論集（第十五輯），科學出版社，2017 年。

（三）對外關係

1227. 東北亞政局下的契丹與隋朝關係研究，辛時代，渤海大學學報（哲學社會科學版），2019 年第 1 期。

1228. 朝貢活動中的唐朝契丹互動，辛時代，遼金史論集（第十四輯），中國社會科學出版社，2016 年。

1229. 契丹與高句麗關係考述，孫煒冉，契丹學研究（第一輯），商務印書館，2019 年。

1230. 論遼與內陸亞洲的關係，魏志江、楊立中，江海學刊，2019 年第 2 期。

1231. 以誰為父：後晉與契丹關係新解，羅亮，史學月刊，2017 年第 3 期。

1232. 契丹伐晉起因再探——兼論後晉出帝朝的政治轉向，吳翔宇，煙臺大學學報（哲學社會科學版），2020 年第 6 期。

1233. 李克用與耶律阿保機會盟史料再析，潘靜，遼金歷史與考古（第十一輯），科學出版社，2020 年。

1234. 遼與北漢關係研究，魏帥朋，渤海大學碩士學位論文，2018 年。

1235. 遼朝對北漢存亡的影響，劉麗影，赤峰學院學報（漢文哲學社會科學版），2019 年第 1 期。

1236. 遼漢交惡辨———兼論《九國志·東漢世家》之史料價值，林鵠，隋唐遼宋金元史論叢（第七輯），上海古籍出版社，2017 年。

1237. 南唐賈潭契丹報聘考，邵啟風、王為剛，東吳學術，2020 年第 5 期。

1238. 唐末五代變革期の幽州盧龍軍節度使：沙陀·契丹との關係から，東洋史研究（79 卷 3 期），2020 年 12 月。

1239. 燕雲地區北屬契丹 趙氏官家接過的爛攤子，郭曄旻，國家人文歷史，2016 年第 9 期。

1240. 和議之前契丹、女真對宋政策對比研究，李志勇，絲綢之路，2016 年第 20 期。

1241. 和議之前契丹、女真對宋政策對比研究，李志勇，黑龍江史志，2016 年第 10 期。

1242. 從兩個南北朝看宋遼、宋金與第一個南北朝定義契合程度——關於李治安先生所提兩個南北朝相關問題的簡單探討，蔣麗萍，青年時代，2019 年第 6 期。

1243. 馬植與宋遼金關係研究，段鵬，西北師範大學碩士學位論文，2017 年。

1244. 遼朝「使臣」「驛館」史事雜考——以石刻文字所見為主，張國慶，浙江學刊，2016 年第 3 期。

1245. 《涑水記聞》中的宋遼關係，崔士嵐，遼寧工程技術大學學報（社會科學版），2016 年第 2 期。

1246. 從雜劇看宋遼兩國的外交交鋒，李東靜，人民論壇，2016 年第 24 期。

1247. 「澶淵之盟」與宋遼關係的演變，閆素娥、謝梅紅，濮陽職業技術學院學報，2017 年第 5 期。

1248. 「澶淵之盟」淺議，鄧磊，福建質量管理，2019 年第 4 期。

1249. 澶淵之盟一紙合約換百年安寧，白孟宸，國家人文歷史，2017 年第 20 期。

1250. 誰都有機會小勝，誰都無法吞掉對手 澶淵之盟：宋遼之間的雙贏選擇，吳鉤，國家人文歷史，2016 年第 9 期。

1251. 澶淵之盟後遼朝戰略布局的演變，陶莎，社會科學戰線，2020 年第 6 期。

1252. 澶淵之盟創造百年和平，盧立業，遼寧日報，2018 年 8 月 16 日 T10 版。

1253. 北宋士大夫言論中的「兩個契丹」，余慕珍，蘭臺世界，2020 年第 5 期。

1254. 從出使遼金行記看宋人「華夷之辨」，江湄，文匯報，2017 年 4 月 14 日 W07 版。

1255. 北宋奉遼使錄研究，張美璉，華中師範大學碩士學位論文，2019 年。

1256. 宋代使臣語錄補考，李浩楠，宋史研究論叢（第 25 輯），科學出版社，2019 年。

1257. 宋代交聘行記中的文化景觀及其夷夏之辨，田峰，天水師範學院學報，2019 年第 1 期。

1258. 宋朝對遼金交聘使節的入境運作，周立志，宋史研究論叢（第 19 輯），河北大學出版社，2017 年。

1259. 宋遼賀正旦使研究，徐睿、柴銳，學術探索，2018 年第 6 期。

1260. 宋遼使臣與雄州印象，王慧傑、薛志清，河北北方學院學報（社會科學版），2018 年第 6 期。

1261. 遼宋刺事人的社會地位及其命運，武文君，河北北方學院學報（社會科學版），2017 年第 1 期。

1262. 對立到兄弟：試論遼朝人對北宋人的敬慕觀，岳凱峰，陰山學刊，2018 年第 2 期。

1263. 遼宋對峙下的邊民群體研究，于盼，西北大學碩士學位論文，2018 年。

1264. 遼宋之爭：論真宗朝意識形態層面的角力——兼論宋代的秦朝觀之轉變，段宇，杭州師範大學學報（社會科學版），2017 年第 1 期。

1265. 遼宋皇帝間擬制親族關係小補，毛利英介，過程・空間：宋代政治史再探研，北京大學出版社，2017 年。

1266. 宋遼交聘中的御容往來，張鵬，考古、藝術與歷史——楊泓先生八秩華誕紀念文集，文物出版社，2018 年。

1267. 宋使節在不同時間和季節使遼的原因與影響，蔣武雄，（臺灣）成大歷史學報（56 期），2019 年 6 月。

1268. 宋使節出使遼西京和獨盧金考，蔣武雄，（臺灣）東吳歷史學報（第 39 期），2019 年 12 月。

1269. 遼金使者身故於宋相關禮節探討，里景林，遼寧工程技術大學學報（社會科學版），2018 年第 4 期。

1270. 遼宋「關南爭地」事件探討，白雪，內蒙古師範大學碩士學位論文，2019 年。

1271. 包拯使遼事蹟的探討，蔣武雄，第四屆海峽兩岸「宋代社會文化」學術研討會論文集，（臺灣）中國文化大學華岡出版部，2006 年。

1272. 遼宋增幣交涉における「漢人」の研究，洪性珉，早稻田大學博士學位論文，2017 年。

1273. 遼宋增幣交涉から見た遼の內部情勢と対宋外交戰略：遼の漢人劉六符の役割を中心に，洪性珉，史學雜誌（126～11），2017 年 11 月。

1274. 西夏崛起，契丹想要趁火打劫 重熙增幣：消除宋遼間的戰爭陰影，鄭逸釩，國家人文歷史，2020 年第 11 期。

1275. 宋臣韓縝與宋遼劃界交涉始末，蔣武雄，（臺灣）東吳歷史學報（第 35 期），2016 年 6 月。

1276. 1075 年遼宋國境畫定交涉（於開封）について：「梁穎墓誌」理解のために，毛利英介，関西大學東西學術研究所紀要（50），2017 年。

1277. 「楊六郎」小考，顧宏義、鄭明，遼金史論集（第十四輯），中國社會科學出版社，2016 年。

1278. 北宋出使文學中的人文地理問題及其文化特徵，方麗萍，學術論壇，2018 年第 1 期。

1279. 北宋使北詩研究，劉存明，青海師範大學碩士學位論文，2016 年。

1280. 蘇頌與宋遼外交，蔣武雄，（臺灣）東吳歷史學報（第 38 期），2018 年 6 月。

1281. 論蘇頌使遼詩的「大國情懷」，陳大遠，佳木斯大學社會科學學報，2016 年第 5 期。

1282. 遼泛使蕭德崇使宋代夏求和始末，蔣武雄，（臺灣）東吳歷史學報（第 40 期），2020 年 12 月。

1283. 遼、宋交聘中的遼朝宴儀探析，張敬坤，保定學院學報，2019 年第 1 期。

1284. 「以強盛誇於中國」：論遼興宗的對宋外交，蔣金玲，遼金史論集（第十七輯），中國社會科學出版社，2019 年。

1285. 遼道宗時期接待宋使的飲酒禮儀探究──基於陳襄《神宗皇帝即位使遼語錄》，劉凱妮，蘭州教育學院學報，2019 年第 7 期。

1286. 契丹王朝東北邊政述論——以遼與女真關係為中心，鄭毅，遼金歷史與考古（第九輯），科學出版社，2018 年。

1287. 遼、宋、金冊封西夏「皇帝」始末考，趙坤，河北北方學院學報（社會科學版），2016 年第 3 期。

1288. 遼金承認西夏帝位的原因分析，張少珊，赤峰學院學報（漢文哲學社會科學版），2016 年第 1 期。

1289. 西夏、高麗與宋遼金關係比較芻議，史金波，史學集刊，2018 年第 3 期。

1290. 遼夏封貢關係探析，王萬志，史學集刊，2017 年第 3 期。

1291. 遼夏和親中的地緣安全因素考察，方天建，民族學刊，2016 年第 6 期。

1292. 遼西京在遼夏往來中的地位與作用，王源，內蒙古大學碩士學位論文，2017 年。

1293. 契丹和親外交策略的構建，賈淑榮、常寧，黑龍江民族叢刊，2017 年第 5 期。

1294. 遼宋之間無和親原因初探，覃旭，北方文物，2020 年第 4 期。

1295. 論遼與唃廝囉政權和親路線的選擇，張欽，青海民族大學學報（社會科學版），2018 年第 4 期。

1296. 遼聖宗朝的和親政策及其在對外戰略部署中的作用，周路星，哈爾濱師範大學社會科學學報，2018 年第 3 期。

1297. 契丹和回鶻的關係，松井太著，鞏彥芬譯，楊富學校，河西學院學報，2018 年第 3 期。

1298. 淺析回鶻與契丹的關係，王豔麗，文物鑒定與鑒賞，2018 年第 17 期。

1299. 回鶻人與遼朝關係述略，武玉環，遼金史論集（第十七輯），中國社會科學出版社，2019 年。

1300. 因勢利導、殊途同歸：遼初對高麗政策探，陶莎，宋史研究論叢（第 18 輯），河北大學出版社，2016 年。

1301. 遼朝對高麗政策研究，陶莎，吉林大學博士學位論文，2016 年。

1302. 義理與時勢：澶淵之盟後遼聖宗對高麗政策探析，陶莎，江海學刊，2019 年第 2 期。

1303. 遼聖宗第一次經略高麗探賾，陶莎，韓國研究論叢（總第 39 輯），社會科學文獻出版社，2020 年。

1304. 12 世紀東北亞國際秩序的變化及高麗外交，李瑾明，宋史研究論叢（第 19 輯），河北大學出版社，2017 年。

1305. 高麗遣使遼朝研究，陳俊達，吉林大學碩士學位論文，2016 年。

1306. 遼朝遣使高麗考補，陳俊達，綏化學院學報，2016 年第 11 期。

1307. 高麗使遼使者類型及其派遣考論，陳俊達，西北民族大學學報（哲學社會科學版），2016 年第 5 期。

1308. 試論高麗人的「遼朝觀」，陳俊達，宋史研究論叢（第 20 輯），科學出版社，2017 年。

1309. 遼朝與高麗使者往來分期探賾——兼論東亞封貢體系確立的時間，陳俊達，西北民族大學學報（哲學社會科學版），2017 年第 4 期。

1310. 《補遼史交聘表》高麗遣使遼朝史事補正（上），陳俊達、孫國軍，赤峰學院學報（漢文哲學社會科學版），2017 年第 4 期。

1311. 《補遼史交聘表》高麗遣使遼朝史事補正（中），陳俊達、孫國軍，赤峰學院學報（漢文哲學社會科學版），2017 年第 5 期。

1312. 《補遼史交聘表》高麗遣使遼朝史事補正（下），陳俊達、孫國軍，赤峰學院學報（漢文哲學社會科學版），2017 年第 6 期。

1313. 高麗遣使遼朝年表簡編（上），陳俊達、孫國軍，赤峰學院學報（漢文哲學社會科學版），2017 年第 8 期。

1314. 高麗遣使遼朝年表簡編（下），陳俊達、孫國軍，赤峰學院學報（漢文哲學社會科學版），2017 年第 9 期。

1315. 《高麗史》所見遼朝出使高麗使者類型及派遣，李碧瑤、楊軍，域外漢籍研究集刊（第十八輯），中華書局，2018 年。

1316. 賓禮·殿閣·北朝——《高麗史·賓禮》中的「北使」及相關儀制成文年代探析，許玉龍，華中國學（總第九卷）。華中科技大學出版社，2018 年。

1317. 淺析遼朝與日本交往甚少之原因，覃旭、任愛君，黑龍江民族叢刊，2017 年第 1 期。

1318. 遼與日本交往問題芻議，宋凌雲，河北北方學院學報（社會科學版），2019 年第 1 期。

1319. 宋金海上聯盟時期東亞政治格局演變研究，倪洪，上海師範大學博士學位論文，2016 年。

1320. 宋徽宗政和年間謀遼復燕史事考論，黃曉巍，史學月刊，2017 年第 5 期。

1321. 北宋滅亡原因再認識——基於徽宗朝對待叛遼降宋官員政策的考察，周志琪、李少偉，佳木斯大學社會科學學報，2017 年第 1 期。

1322. 宋金「海上之盟」與宋蒙聯合滅金之比較，儲修巽、郭田甜，哈爾濱師範大學社會科學學報，2017 年第 2 期。

1323. 宋徽宗聯金滅遼政策新探，李瑞，蘭州教育學院學報，2018 年第 8 期。

1324. 宋金海上之盟歷史經過考察，孫文政，黑龍江社會科學，2018 年第 1 期。

1325. 北宋燕山府，曾凡玉，西部皮革，2017 年第 12 期。

1326. 南宋初年陝西叛將相關問題研究，張昆，西北大學碩士學位論文，2019 年。

1327. 南宋洪邁《夷堅志》史料價值再認證——猶以抗金將領吳玠死因為主，陶喻之，陝西理工大學學報（社會科學版），2020 年第 6 期。

1328. 南宋初期宋金局勢與使節際遇個案研究——以洪晧為例，陳奕廷，（臺灣）史轍（第 14 期），2018 年 7 月。

1329. 洪邁屈金及其原因探究，朱潔，社會科學戰線，2016 年第 5 期。

1330. 關於北宋二帝在金國流亡囚禁生涯的幾個問題，都興智，東北史研究，2016 年第 3 期。

1331. 從葭蘆寨到晉寧軍——宋金河東堡寨典型個案研究，鄧文韜，保定學院學報，2016 年第 2 期。

1332. 宋金和談記，別軼，同舟共進，2019 年第 12 期。

1333. 啼則與果：南宋的忠義人與朝廷的應對政策，雷家聖、黃玫瑄，上海師範大學學報（哲學社會科學版），2018 年第 6 期。

1334. 宋朝對遼金交聘使節的入境運作，周立志，宋史研究論叢（第 19 輯），河北大學出版社，2016 年。

1335. 宋金初期交聘研究（1117～1127），曹淵啟，遼寧師範大學碩士學位論文，2018 年。

1336. 王倫與宋金外交，周立志，遼金史論集（第十四輯），中國社會科學出版社，2016 年。

1337. 忠勇尚義的南宋外交官王倫，晏建懷，天津日報，2016 年 5 月 30 日第 10 版。

1338. 試論「秦檜歸國」問題，李征鴻，紅河學院學報，2017 年第 4 期。

1339. 「隆興和議」後的宋金「受書儀」之爭，吳淑敏，北京社會科學，2019 年第 4 期。

1340. 十五年も待っていたのだ！：南宋孝宗内禪と対金関係（金・女真の歷史とユーラシア東方；金代の政治・制度・國際關係），毛利英介，アジア遊學（233），2019 年 4 月。

1341. 隴南「抗金保蜀」戰略中的鹽、馬通道：祁山古道、牛尾古道，魯建平，陝西理工大學學報（社會科學版），2020 年第 4 期。

1342. 史彌遠當政時期南宋對金政策之演變——從嘉定和議到聯蒙滅金，李超，保定學院學報，2018 年第 5 期。

1343. 宋詞人視野中的金國印象，吳亞琦，天中學刊，2017 年第 3 期。

1344. 樓鑰《北行日錄》的文體、空間與記憶，李貴，文學遺產，2016 年第 4 期。

1345. 洪皓與范成大使金詩對比研究，傅珊，魯東大學碩士學位論文，2016 年。

1346. 略論宋對金使的接待禮儀，王大鵬，民族史研究（第 15 輯），中央民族大學出版社，2019 年。

1347. 宋、金交聘中的宋朝賜宴及宴儀探析，張敬坤，珞珈史苑（2018 年卷），武漢大學出版社，2019 年。

1348. 宋金交聘地方公務接待清單的發現與研究，周立志，黑龍江社會科學，2018 年第 1 期。

1349. 略談宋金交聘禮儀中的禮物問題，王大鵬，黑龍江史志，2018 年第 12 期。

1350. 金國の正旦・聖節の儀禮と外國使節，古松崇志，東方學報（94），2019 年 12 月。

1351. 金朝對外交聘活動中的渤海人，胡珀，黑龍江民族叢刊，2020 年第 3 期。

1352. 金朝出使南宋漢族正、副使研究，李浩楠，宋史研究論叢（第 19 輯），河北大學出版社，2016 年。

1353. 金朝遣宋使臣群體研究，姚喆，中央民族大學碩士學位論文，2018 年。

1354. 論金朝中期使宋女真族國信使的選任，王嘉琛，蘭州教育學院學報，2019 年第 12 期。

1355. 安康南宋王誠夫婦墓碑考略，張樹軍，文博，2016 年第 2 期。

1356. 府州城郭考略，張育豐，陝北歷史文化暨宋代府州折家將歷史文化學術研討會論文集，陝西人民出版社，2016 年。

1357. 折氏世襲府州的原因探析，閆洞賓，陝北歷史文化暨宋代府州折家將歷史文化學術研討會論文集，陝西人民出版社，2016 年。

1358. 北宋綏州高氏蕃官將門研究，何冠環，陝北歷史文化暨宋代府州折家將歷史文化學術研討會論文集，陝西人民出版社，2016 年。

1359. 種世衡及種家將西北事蹟考略，高錦花、馬瀋陽，陝北歷史文化暨宋代府州折家將歷史文化學術研討會論文集，陝西人民出版社，2016 年。

1360. 陝西郭氏將門的形成和發展，袁璠，陝北歷史文化暨宋代府州折家將歷史文化學術研討會論文集，陝西人民出版社，2016 年。

1361. 元祐年間宋廷對四寨問題的討論，閆建飛，陝北歷史文化暨宋代府州折家將歷史文化學術研討會論文集，陝西人民出版社，2016 年。

1362. 試論南宋初年延安失陷與「王庶被拘」事件，王軍營、陳峰，陝北歷史文化暨宋代府州折家將歷史文化學術研討會論文集，陝西人民出版社，2016 年。

1363. 北宋麟府豐三州及其周圍交通路線考述，曹家齊，陝北歷史文化暨宋代府州折家將歷史文化學術研討會論文集，陝西人民出版社，2016 年。

1364. 北宋麟府路的設置及其歸治河東路原因探析，晁遼科，陝北歷史文化暨宋代府州折家將歷史文化學術研討會論文集，陝西人民出版社，2016 年。

1365. 宋代府州折家將愛國主義精神研究，楊志忠，陝北歷史文化暨宋代府州折家將歷史文化學術研討會論文集，陝西人民出版社，2016 年。

1366. 折家將精神新論，張春海，陝北歷史文化暨宋代府州折家將歷史文化學術研討會論文集，陝西人民出版社，2016 年。

1367. 折家將文化內涵及其現實意義，折武彥、趙存年、楊旺榮，陝北歷史文化暨宋代府州折家將歷史文化學術研討會論文集，陝西人民出版社，2016 年。

1368. 金人請求遼朝封冊考論，趙麗，史學集刊，2017 年第 6 期。

1369. 大蒙古國與金、西夏關係研究，蔣靜靜，煙臺大學碩士學位論文，2016 年。

1370. 金朝與北方游牧部落的羈縻關係，程尼娜，吉林大學社會科學學報，2016 年第 1 期。

1371. 金朝對北方草原部族防禦策略研究，孫田，哈爾濱師範大學碩士學位論文，2016 年。

1372. 金代也有「昭君出塞」與「文姬歸漢」，王果，看歷史，2019 年第 10 期。

1373. 金夏關係研究，馬旭俊，吉林大學博士學位論文，2017 年。

1374. 金夏關係的歷史分期與特點，馬旭俊，西夏研究，2017 年第 3 期。

1375. 金夏交聘禮儀考述，馬旭俊，西夏學（第 17 輯），甘肅文化出版社，2018 年。

1376. 天會議和後西夏與金和平局面得以長久維持的原因探析，賈搏，安康學院學報，2018 年第 2 期。

1377. 金詩中的金夏關係，周峰，西夏學（第 13 輯），甘肅文化出版社，2016 年。

1378. 金朝と高麗（金・女真の歷史とユーラシア東方；金代の政治・制度・國際関係），豐島悠果，アジア遊學（233），2019 年 4 月。

1379. 金朝遣高麗使臣選派考論，鞠賀，寧夏大學學報（人文社會科學版），2018 年第 6 期。

1380. 金朝遣高麗使臣類型再檢討，鞠賀、楊軍，黑龍江社會科學，2019 年第 5 期。

1381. 金與高麗交聘考補，胡傳志，內江師範學院學報，2019 年第 5 期。

1382. 「刀伊襲來」事件と東アジア（金・女真の歷史とユーラシア東方；金代の政治・制度・國際関係），蓑島栄紀，アジア遊學（233），2019 年 4 月。

（四）軍事

1383. 淺議遼朝軍事戰略思想，孫連娣，史志學刊，2017 年第 2 期。

1384. 遼代契丹軍隊的構成與裝備，張正明，現代閱讀，2020 年第 5 期。

1385. 遼代部族軍研究，武文君，吉林大學博士學位論文，2020 年。

1386. 分鎮邊圉：遼朝部族軍駐防研究，武文君、楊軍，中央民族大學學報（哲學社會科學版），2020 年第 4 期。

1387. 遼代部族軍兵役制度初探，武文君，渤海大學學報（哲學社會科學版），2020 年第 1 期。

1388. 「行逐水草」與「打草穀」——遼朝初期契丹軍隊後勤補給方式再研究，吳飛，宋史研究論叢（第 25 輯），科學出版社，2019 年。

1389. 契丹騎兵研究，叢密林，東北師範大學博士學位論文，2018 年。

1390. 契丹騎兵的界定及分類考，叢密林，北方論叢，2016 年第 2 期。

1391. 遼朝邊鋪探微，張國慶，中國邊疆史地研究，2016 年第 2 期。

1392. 遼朝軍隊都監考論，張宏利，陝西學前師範學院學報，2017 年第 9 期。

1393. 遼代軍隊中的渤海軍人，孫煒冉，黑龍江社會科學，2018 年第 4 期。

1394. 遼代大帳皮室軍兵源探析，吳飛，齊齊哈爾大學學報（哲學社會科學版），2017 年第 3 期。

1395. 遼宋夏金元時期鄂爾多斯高原軍事地理研究，梁景寶，陝西師範大學碩士學位論文，2018 年。

1396. 遼代西京地區軍事防禦體系研究，彭文慧，渤海大學碩士學位論文，2017 年。

1397. 遼代保州與東南邊防研究，王玨，河北大學碩士學位論文，2018 年。

1398. 論五代時期遼與北漢的軍事聯合，魏帥朋，遼寧工程技術大學學報（社會科學版），2017 年第 4 期。

1399. 略論遼朝遼東半島海防，劉一，遼寧師範大學學報（社會科學版），2017 年第 2 期。

1400. 921～953 年遼朝與中原諸政權的定州之戰析議，李進欣、吳鳳霞，河北北方學院學報（社會科學版），2017 年第 5 期。

1401. 五代時期後晉與契丹戰爭論，曾國富，武陵學刊，2018 年第 5 期。

1402. 幽州之戰與五代初期的北方軍政格局，陳樂保、楊倩麗，唐史論叢（第 29 輯），三秦出版社，2019 年。

1403. 燕雲問題和契丹南下 中原板蕩留給北宋最後的「債務」，原廓、鄭逸釩，國家人文歷史，2018 年第 13 期。

1404. 10 世紀前期契丹南下路線研究——兼談草場對契丹南下作戰的制約，洪緯、楊軍，黑龍江民族叢刊，2020 年第 5 期。

1405. 宋遼爭奪燕雲十六州研究，金婷霞，南昌大學碩士學位論文，2017 年。

1406. 契丹の燕雲十六州領有と山後游牧民，渡邊美樹，史艸（58），2017 年 11 月。

1407. 遼宋易州之爭及其影響，李書劍，渤海大學碩士學位論文，2020 年。

1408. 步騎之間：論宋祁對遼的戰術取向，肖曉凡，軍事歷史，2020 年第 4 期。

1409. 論遼國對宋的首次南侵——滿城之戰，張莎莎，牡丹江大學學報，2017 年第 7 期。

1410. 楊業當了掩護主力撤退的棄子 雍熙北伐，皇帝憑想像指揮，白孟宸，國家人文歷史，2016 年第 9 期。

1411. 遼宋戰爭之高梁河與瓦橋關可望而不可即的燕雲十六州，原廓，國家人文歷史，2017 年第 20 期。

1412. 從高梁河之戰看遼代軍制，武威，文物鑒定與鑒賞，2019 年第 20 期。

1413. 淺析高梁河之戰——漢官集團在遼政權中的作用，豆中浩，文物鑒定與鑒賞，2019 年第 14 期。

1414. 宋太宗朝軍功虛報現象鈎沉——以土墱寨、唐河、徐河三次戰鬥為考察中心，丁建軍、趙寅達，河北學刊，2016 年第 4 期。

1415. 遼聖宗第一次征伐高麗探賾——從《高麗史·徐熙傳》說起，陶莎，遼金史論集（第十七輯），中國社會科學出版社，2019 年。

1416. 茶、陀之戰考論，李俊，遼東學院學報（社會科學版），2020 年第 6 期。

1417. 遼末沈州之戰及其對遼方的影響，汪妮，赤峰學院學報（漢文哲學社會科學版），2016 年第 1 期。

1418. 石刻文字所見遼朝戰事考補，張國慶，遼寧工程技術大學學報（社會科學版），2016 年第 4 期。

1419. 從完顏阿骨打起兵到護步答岡之戰轟然倒地的契丹帝國，原廓，國家人文歷史，2017 年第 20 期。

1420. 《大金得勝陀頌碑》與出河店之戰，李秀蓮，北方文物，2016 年第 1 期。

1421. 出河店之戰的歷史還原，李秀蓮，哈爾濱師範大學社會科學學報，2018 年第 3 期。

1422. 出河店之戰的歷史還原，李秀蓮，遼金歷史與考古（第九輯），科學出版社，2018 年。

1423. 遼金之際醫巫閭地區爭奪戰及其原因，汪妮，遼寧工程技術大學學報（社會科學版），2016 年第 6 期。

1424. 金代上京路軍事研究與考述（上），孫文政，理論觀察，2017 年第 11 期。

1425. 金代上京路軍事研究與考述（下），孫文政，理論觀察，2017 年第 12 期。

1426. 金代上京路軍事的發展及衰落分析，高鐵民，魅力中國，2018 年第 31 期。

1427. 金代東京路軍政事件研究，王甜，渤海大學碩士學位論文，2019 年。

1428. 金代蒲峪路地區軍事防衛制度的形成及推行，胥曉東，理論觀察，2020 年第 1 期。

1429. 金代軍事後勤制度探微，王嶠，遼金史論集（第十六輯），黑龍江人民出版社，2017 年。

1430. 金代戰爭中的後勤補給研究，王建帝，內蒙古民族大學碩士學位論文，2020 年。

1431. 北宋滅亡的導火索——遼興軍節度副使張覺叛金降宋事件，李利峰，檔案天地，2017 年第 1 期。

1432. 從張覺事件管窺金初戰爭謀略，曹淵啟，新西部（理論版），2017 年第 1 期。

1433. 金軍威迫下的開封守禦——流寇集團、東京留守與南宋朝廷的博弈，胡文寧、趙強，陝西歷史博物館館刊（第 23 輯），三秦出版社，2016 年。

1434. 岳家軍第四次北伐主要戰役論析，史泠歌，歷史文獻研究（第 36 輯），華東師範大學出版社，2016 年。

1435. 金代陝西戰爭研究，鄧英昊，西北大學碩士學位論文，2018 年。

1436. 南宋初年陝西叛將相關問題研究，張昆，西北大學碩士學位論文，2019 年。

1437. 南宋初期延安失陷史事發微，王軍營，歷史教學（高校版），2017 年第 1 期。

1438. 事宋金將探析，袁成，佳木斯大學社會科學學報，2019 年第 2 期。

1439. 建炎年間金人的伐宋方略和施設經過（上），鄭明寶，歷史文獻研究（總第 38 輯），華東師範大學出版社，2017 年。

1440. 建炎年間金人的伐宋方略和施設經過（下），鄭明寶，歷史文獻研究（總第 39 輯），華東師範大學出版社，2017 年。

1441. 南宋柘皋與濠州之戰及張俊戰績的論析，史泠歌，宋史研究論叢（第 18 輯），河北大學出版社，2016 年。

1442. 歷史書寫與歷史事實：宋金和戰與韓侂冑之死，李超，中山大學學報（社會科學版），2017 年第 4 期。

1443. 文人知兵：論楊萬里的對金軍事謀略，喻學忠、趙強舉，重慶師範大學學報（社會科學版），2019 年第 4 期。

1444. 南宋史彌遠為相的北方政策：從謹守邊備到聯蒙滅金，楊宇勳，中國中古史研究（第十六期），（臺灣）蘭臺出版社，2016 年。

1445. 五代北宋時期折家將作戰對象考，王善軍、楊培豔，陝北歷史文化暨宋代府州折家將歷史文化學術研討會論文集，陝西人民出版社，2016 年。

1446. 宋金衝突下的折可求及折氏家族研究，周立志，陝北歷史文化暨宋代府州折家將歷史文化學術研討會論文集，陝西人民出版社，2016 年。

1447. 折可求降金之辨，折茂德，陝北歷史文化暨宋代府州折家將歷史文化學術研討會論文集，陝西人民出版社，2016 年。

1448. 試探兩次紹興議和前後的府州折氏與麟府路，吳同，陝北歷史文化暨宋代府州折家將歷史文化學術研討會論文集，陝西人民出版社，2016 年。

1449. 斡里札河之戰金軍的進軍路線，（日）白石典之著，孟令兮譯，寧夏社會科學，2017 年第 2 期。

1450. 宣哀時期金代軍事危機研究，范海堃，遼寧大學碩士學位論文，2016 年。

1451. 金朝後期的弩軍制度，張映暉，滿語研究，2018 年第 2 期。

1452. 紅襖軍李全集團成員構成研究，曹文瀚，宋史研究論叢（第 25 輯），科學出版社，2019 年。

1453. 蒙金戰爭中的金源節士影像——史肅《哀王旦》、郝經《王子明》詩釋證，路元敦，東嶽論叢，2018 年第 5 期。

1454. 蒙元時期契丹軍研究，楊義輝，西北師範大學碩士學位論文，2020 年。

五、經　濟

（一）概論

1455. 簡論遼、宋、金時期地方經濟類型與特徵，劉凌淞，科技展望，2017 年第 14 期。

1456. 遼朝的資源、環境與區域經濟特色，王德忠，遼金史論集（第十四輯），中國社會科學出版社，2016 年。

1457. 渤海遺民對遼代社會的經濟貢獻，孫煒冉，雲南民族大學學報（哲學社會科學版），2018 年第 4 期。

1458. 遼朝屯田制度研究，吳飛，河北大學碩士學位論文，2017 年。

1459. 遼代中晚期契丹部落生業模式探析，李月新，綏化學院學報，2016 年第 3 期。

1460. 遼朝中後期部民貧困現象研究，才俊良，河北大學碩士學位論文，2020 年。

1461. 遼道宗朝「貧民」問題探析，李世浩，赤峰學院學報（漢文哲學社會科學版），2017 年第 8 期。

1462. 考古資料反映的遼代沈北地區經濟類型，張國慶，朔方論叢（第五輯），內蒙古大學出版社，2016 年。

1463. 簡談遼北地區的契丹經濟，平啟，新西部（理論版），2016 年第 13 期。

1464. 遼代遼東地區經濟研究，李世浩，渤海大學碩士學位論文，2019 年。

1465. 遼代山西地區財政管理變遷探究，陳德洋、付亞洲，山西大同大學學報（社會科學版），2019 年第 3 期。

1466. 遼代鹽業經濟與州縣城市發展，彭文慧，赤峰學院學報（漢文哲學社會科學版），2016 年第 9 期。

1467. 遼朝「倉」「庫」功能探略，張國慶，北方文物，2016 年第 3 期。

1468. 遼代不動產制度，趙俊傑、趙鵬宇，中國不動產，2016 年第 2 期。

1469. 論遼朝官廳會計，莫磊、廖雲杉，財會月刊，2019 年第 8 期。

1470. 從宋遼金審計制度的趨同看「正朔」的軟實力影響，王紅蘭、張其鎮，審計與理財，2020 年第 6 期。

1471. 遼代社會保障救助事業研究，朱蕾，東北史研究，2016 年第 1 期。

1472. 金代山東路區域經濟研究，丁利利，陝西師範大學碩士學位論文，2016 年。

1473. 金朝上京路生業環境考略，苗霖霖，蘭臺世界，2016 年第 1 期。

1474. 金朝國家經濟統一體的形成與解體，王明前，河北民族師範學院學報，2016 年第 2 期。

1475. 金朝經濟制度轉型與政權興衰，周辰，赤峰學院學報（漢文哲學社會科學版），2016 年第 2 期。

1476. 周至金代滿族經濟史研究，余娜，中央民族大學碩士學位論文，2016 年。

1477. 宋遼金時期滄州地區經濟文化狀況分析，肖瀟，牡丹江師範學院學報（哲學社會科學版），2017 年第 5 期。

1478. 金朝對黑龍江流域的開發，孫瑞陽，赤峰學院學報（漢文哲學社會科學版），2019 年第 2 期。

1479. 金代上京路經濟的繁榮與發展，孫文政，理論觀察，2017 年第 3 期。

1480. 金代上京蒲峪路的經濟布局，趙文生，農業考古，2017 年第 1 期。

1481. 金代東京路區域經濟研究，劉斌，吉林大學碩士學位論文，2017 年。

1482. 營口地區金代的經濟與文化，魏耕雲、楊帥、崔豔茹，藝術品鑒，2018 年第 4X 期。

1483. 臨汾地區金元時期佛教寺院經濟生活探析，王一君，文物鑒定與鑒賞，2018 年第 4 期。

（二）人口、戶籍與移民

1484. 吳松弟《遼代人口新考》駁議——兼談遼代的「丁」，張晨光，史學集刊，2018 年第 6 期。

1485. 遼代中京道的人口構成與經濟形態，任冠，河南社會科學，2018 年第 6 期。

1486. 從典籍裏淺析遼代「二稅戶」，孟娟，漢字文化，2019 年第 8 期。

1487. 遼朝統治區內漢人的來源與重要作用，劉羽佳，內蒙古大學碩士學位論文，2016 年。

1488. 五代遼初平州人口的北奔南遷，吳鳳霞，北方文物，2016 年第 4 期。

1489. 淺析遼初中原漢族人口的北遷，賈秀梅，文物鑒定與鑒賞，2018 年第 14 期。

1490. 移民與遼代土地開發，李玉磊，赤峰學院學報（漢文哲學社會科學版），2019 年第 1 期。

1491. 10～12 世紀渤海移民問題研究，黃為放，長春師範大學博士學位論文，2017 年。

1492. 遼與高麗邊界視域下的渤海移民，姜維公、黃為放，社會科學戰線，2017 年第 12 期。

1493. 試析遼代渤海移民的生存狀態，黃為放，東北亞研究論叢（第 11 輯），商務印書館，2018 年。

1494. 遼代「斡魯朵」內的渤海人移民，孫煒冉、袁華，通化師範學院學報，2016 年第 11 期。

1495. 《金史・地理志》開封府戶數再考，韓健夫，中國史研究，2019 年第 4 期。

1496. 金代移民研究，郝素娟，吉林大學博士學位論文，2016 年。

1497. 金代移民與土地開發，耿改平，赤峰學院學報（漢文哲學社會科學版），2019 年第 2 期。

1498. 金代黑龍江地區人口遷移，李方昊，中國社會科學報，2020 年 7 月 13 日第 5 版。

1499. 金代東北地區女真族和中原地區漢族的雙向移民及其影響研究，任娜，黑龍江省社會科學院碩士學位論文，2020 年。

1500. 金朝內遷女真人猛安數量考辨，范學輝，歷史研究，2019 年第 5 期。

1501. 金熙宗、海陵王時期女真人內遷考論，郝素娟，黑龍江民族叢刊，2020 年第 3 期。

1502. 金代女真族移民生存狀態探析，郝素娟，通化師範學院學報，2016 年第 7 期。

1503. 金朝女真移民與中原鄉村社會控制研究，陳德洋，宋史研究論叢（第 18 輯），河北大學出版社，2016 年。

1504. 高麗時期女真人遷居朝鮮半島及其影響，孫泓，暨南學報（哲學社會科學版），2016 年第 10 期。

1505. 複線的歷史：金元時期平陽文化疊加中的移民因素，劉麗、劉佳，山西師大學報（社會科學版），2019 年第 4 期。

1506. 淺析金元之際石州人口遷徙的原因、變化及影響，李文輝、任春耀、呂勇兵，呂梁學院學報，2018 年第 6 期。

（三）賦役

1507. 遼代農業賦稅減免及原因分析，陸旭超，赤峰學院學報（漢文哲學社會科學版），2018 年第 12 期。

1508. 金代農村土地稅收研究，楊麗，雲南大學碩士學位論文，2017 年。

（四）自然災害、救災、生態及環境保護

1509. 遼金時期西遼河流域旱澇序列重建與特徵分析，任鑫帥、崔建新，乾旱區資源與環境，2020 年第 12 期。

1510. 《遼史》所見遼寧地區自然災害及應對措施，李亞光、趙宏坤，遼寧工程技術大學學報（社會科學版），2018 年第 2 期。

1511. 金代社會災後的賑濟特點，彭傳懷，北方文物，2016 年第 1 期。

1512. 試論金朝水災的時空分布及其特徵，武玉環，遼金史論集（第十五輯），科學出版社，2017 年。

1513. 宋金時期陝北地區自然災害研究，劉利，延安大學碩士學位論文，2018 年。

1514. 金代山東地區「蝗不入境」神話的興起與消退，周紅冰，青島農業大學學報（社會科學版），2019 年第 4 期。

1515. 金代疾疫探析，劉盼琴，吉林廣播電視大學學報，2020 年第 8 期。

1516. 金代救荒研究，陳曉曉，遼寧師範大學碩士學位論文，2018 年。

1517. 大河南徙與拒河北流——金代治河決策所涉諸問題考述，張良，（臺灣）漢學研究（37 卷 2 期），2019 年 6 月。

1518. 金代黃河決溢對農業的影響及政府應對，張建松，華北水利水電大學學報（社會科學版），2020 年第 5 期。

1519. 遼代人地關係研究，王金秋，赤峰學院學報（漢文哲學社會科學版），2019 年第 1 期。

1520. 「春水」紋飾與遼金生態觀念，孫立梅，遺產與保護研究，2018 年第 10 期。

1521. 論遼朝游牧文化對遼寧地區生態環境的影響，劉威，關東學刊，2016 年第 10 期。

1522. 遼朝林木資源的開發與保護，孫偉祥，貴州社會科學，2020 年第 6 期。

1523. 宋人使遼語錄中的環境史料辨析，孫偉祥，遼寧大學學報（哲學社會科學版），2020 年第 3 期。

1524. 金代森林破壞與環境變遷，夏宇旭，吉林師範大學學報（人文社會科學版），2019 年第 1 期。

（五）農牧業

1525. 遼代農業溯源、技術和土地制度及農業政策，魏特夫、馮家昇著，祁麗、孫文政譯，古今農業，2019 年第 3 期。

1526. 遼朝契丹統治集團的重農思想與成效，賴寶成，遼寧工程技術大學學報（社會科學版），2016 年第 1 期。

1527. 宋人邊疆行記中的農牧業研究價值——以宋人出使記為中心，徐臣攀，西部學刊，2020 年第 18 期。

1528. 遼代疆域內特殊物產的研究，閆獻冰，文物鑒定與鑒賞，2020 年第 17 期。

1529. 淺析早期契丹農業發展原因，劉麗影，白城師範學院學報，2018 年第 9 期。

1530. 論遼代農田開發，趙雪婷，牡丹，2018 年第 21 期。

1531. 犁向西北：遼朝上京道農業發展軌跡，陶莎，雲南民族大學學報（哲學社會科學版），2019 年第 4 期。

1532. 遼代以上京為中心西遼河地帶農業發展狀況，陳健，黑龍江科學，2016 年第 21 期。

1533. 遼代蒙古高原東部地區的農業開發及鎮、防、維三州的設置，趙文生，農業考古，2019 年第 4 期。

1534. 遼代西遼河流域農田開發與環境變遷，夏宇旭，遼金史論集（第十六輯），黑龍江人民出版社，2017 年。

1535. 遼代上京地區農業發展評介，陳健，農技服務，2016 年第 14 期。

1536. 遼代遼東農業發展述論，李世浩，邯鄲職業技術學院學報，2018 年第 4 期。

1537. 略論西瓜在古代中國的傳播與發展，劉啟振、王思明，中國野生植物資源，2017 年第 2 期。

1538. 遼代糧倉初探，辜凱銳，明日風尚，2017 年第 6 期。

1539. 遼金糧倉初探，辜凱銳，渤海大學碩士學位論文，2017 年。

1540. 生態環境與契丹畜牧業，夏宇旭，黑龍江民族叢刊，2017 年第 3 期。

1541. 契丹人的牧養技術探析，谷嶠，白城師範學院學報，2017 年第 7 期。

1542. 兩宋（遼、金）時期的蠶業，蔣猷龍，蠶桑通報，2019 年第 3 期。

1543. 金代農業倫理思想研究，劉欣、齊文濤，農業考古，2019 年第 4 期。

1544. 試論金代北京路地區農耕區經濟，寧波，蘭臺世界，2020 年第 1 期。

1545. 金代黑龍江地區出土的鐵犁和農田耕作技術及農田面積的初步探討，何元龍，古今農業，2020 年第 3 期。

1546. 金代東京路農業發展述論，李亞光、劉成贊，農業考古，2019 年第 6 期。

1547. 金元明三代水利專家韓玉、郭守敬、吳仲，張文大，海淀史志，2019 年第 1 期。

1548. 開創性的金代水利工程，張文大，海淀史志，2019 年第 3 期。

1549. 金中都水利工程考，張文大、齊心，遼金歷史與考古（第十一輯），科學出版社，2020 年。

1550. 試論金代牛畜數量的變化及其原因，孫建權，遼金歷史與考古（第十輯），科學出版社，2019 年。

（六）手工業

1551. 遼朝工匠及其管理初探——以石刻文字為中心，張國慶，史學集刊，2019 年第 4 期。

1552. 遼代冶金業的發展及其管理制度，李明華，內蒙古社會科學（漢文版），2018 年第 2 期。

1553. 遼代冶金業管理文化研究，武威，藝術品鑒，2019 年第 9X 期。

1554. Flaming Pearls and Flying Phoenixes : Materiality, Research, and Stewardship of Liao Dynasty Metalwork, Evelyn Mayberger, *Journal of the American Institute for Conservation*, Volume 59, Issue 1, 2020.

1555. 遼金元鐵工圖表三維解讀，萬欣，遼金歷史與考古（第十一輯），科學出版社，2020 年。

1556. 遼代冶銅業概述，李明華，赤峰學院學報（漢文哲學社會科學版），2018 年第 2 期。

1557. 遼代金屬製造業研究，王玉，長江叢刊，2018 年第 16 期。

1558. 遼代陳國公主墓出土金器製作技術與工藝研究，石可，內蒙古師範大學碩士學位論文，2019 年。

1559. 遼代鐵器手工業研究，王玉，西北民族大學碩士學位論文，2019 年。

1560. 再論吉林大安遼金時期蒸餾酒遺存的工藝及歷史地位，吳敬，北方文物，2020 年第 6 期。

1561. 「朝霞」、「輕霞」競風流──遼代紡織業發展探析，顧亞麗，草原文物，2018 年第 2 期。

1562. 遼朝海鹽產業研究，田廣林、韓笑，遼寧師範大學學報（社會科學版），2020 年第 2 期。

1563. 金代的鹽業問題研究，于小洪，吉林大學碩士學位論文，2016 年。

1564. 金代河東鹽業經濟，劉錦增，鹽業史研究，2016 年第 2 期。

1565. 宋元山東鹽業研究，陶靜，山東師範大學碩士學位論文，2016 年。

1566. 金代山東鹽業初探，劉錦增，鹽業史研究，2017 年第 3 期。

1567. 金代山東海鹽業的管理及緝私問題研究，紀麗真，鹽業史研究，2019 年第 4 期。

1568. 略論金代食鹽的生產技術，于小洪，遼金史論集（第十五輯），科學出版社，2017 年。

1569. 宋金元時期膠東地區的黃金與鹽業生產，樊文禮，魯東大學學報（哲學社會科學版），2018 年第 1 期。

1570. 關於金代中都地區手工業的發展研究，孟祥華，赤子，2018 年第 8 期。

（七）貿易、商業

1571. 環渤海地區宋元時期瓷器貿易與交流，滕雅竹，吉林大學碩士學位論文，2016 年。

1572. 試論遼宋對峙下的邊民與雙邊貿易，于盼，蘭州教育學院學報，2017 年第 10 期。

1573. 北方游牧王朝與高麗的榷場貿易，李樂營，朝鮮‧韓國歷史研究（第十七輯），延邊大學出版社，2016 年。

1574. 遼朝商貿市場及商務管理綜論，張國慶，遼金歷史與考古（第九輯），科學出版社，2018 年。

1575. 南宋榷場與書畫回流，段瑩，故宮博物院院刊，2016 年第 3 期。

1576. 金宋榷場貿易的歷史分期與特徵，劉智博、李秀蓮，山西大同大學學報（社會科學版），2019 年第 3 期。

1577. 西夏、遼、金商業文書研究，丁海斌、趙麗娜，檔案，2019 年第 7 期。

1578. 宋朝的茶葉壟斷與金國的突破嘗試，徐睿，雲南民族大學學報（哲學社會科學版），2020 年第 5 期。

（八）貨幣

1579. 遼代貨幣制度初探，杜海燕，內蒙古師範大學碩士學位論文，2018 年。

1580. 舊儲新鑄，並聽民用：遼代貨幣體系述論，陳俊達，蘭臺世界，2017 年第 7 期。

1581. 論遼代貨幣經濟，李世龍，黑龍江金融，2019 年第 11 期。

1582. 大同市博物館藏遼錢所見遼代貨幣與貿易，吳中華，文物天地，2020 年第 9 期。

1583. 淺談遼代錢幣，王琦，鋒繪，2019 年第 9 期。

1584. 出土錢幣窖藏所見宋遼貨幣經濟交流，李志鵬，中國經濟史研究，2017 年第 1 期。

1585. 遼代金屬錢幣的初步研究，隋志剛，赤峰學院學報（漢文哲學社會科學版），2019 年第 5 期。

1586. 遼代錢文字體與特徵，杜海燕，朔方論叢（第七輯），內蒙古大學出版社，2019 年。

1587. 契丹文錢幣"丟夭五万"的相關問題研究，隋志剛，赤峰學院學報（漢文哲學社會科學版），2018 年第 9 期。

1588. 遼錢重熙通寶，魏詠柏，收藏，2016 年第 13 期。

1589. 吉爾吉斯發現的「續興元寶」與西遼年號考，別利亞耶夫、斯達諾維奇著，李鐵生譯，中國錢幣論文集（第六輯），中國金融出版社，2016 年。

1590. 摩羯魚鏤空花錢，尹釗、李根、張繼超，收藏，2016 年第 21 期。

1591. 西遼花錢初探，段立瓊、朱滸，收藏‧拍賣，2020 年第 11 期。

1592. 金代貨幣經濟研究，裴鐵軍，吉林大學博士學位論文，2016 年。

1593. 關於金代錢幣制度特徵的探討，可景洋，智富時代，2018 年第 4X 期。

1594. 金代前期の幣制，宮澤知之，東洋史研究（79 卷 2 期），2020 年 9 月。

1595. 金國貨幣淺談，林勃，藝術品鑒，2017 年第 7 期。

1596. 淺議金代貨幣流通，王啟龍，世紀橋，2016 年第 1 期。

1597. 關於金代貨幣的流通情況的探討，高鐵民，赤子，2018 年第 14 期。

1598. 論金代的短陌，裴鐵軍，天津大學學報（社會科學版），2016 年第 2 期。

1599. 金代鑄幣考實，宋捷，收藏，2017 年第 12 期。

1600. 金朝錢幣鑒賞——關於金代鑄錢歷史之我見，可景洋，智富時代，2018 年第 5X 期。

1601. 金代利通監鑄錢鉛料與成本研究，劉海峰、陳建立，自然辯證法通訊，2019 年第 12 期。

1602. 金朝銅錢及銅錢制度的演變，王德朋，中國錢幣論文集（第六輯），中國金融出版社，2016 年。

1603. 關於金朝交鈔制度的研究，高松，赤子，2018 年第 29 期。

1604. 因為戰亂和銅禁　金代窖藏貨幣保留至今，王敏娜，遼寧日報，2017 年 4 月 1 日第 5 版。

1605. 雙城區單城鎮金代錢幣窖藏，邢國岩，卷宗，2017 年第 2 期。

1606. 解開營口地區金代窖藏銅錢之謎（上），王金令，營口日報，2020 年 11 月 18 日第 5 版。

1607. 解開營口地區金代窖藏銅錢之謎（下），王金令，營口日報，2020 年 11 月 23 日第 5 版。

1608. 河北金代窖藏錢幣之探究，張曉崢，赤峰學院學報（漢文哲學社會科學版），2016 年第 5 期。

1609. 從鐵錢到銀兩：兩宋金元紙幣的價值基準及其演變，王文成，清華大學學報（哲學社會科學版），2020 年第 3 期。

1610. 金代銀鋌考，金德平，中國錢幣論文集（第六輯），中國金融出版社，2016 年。

1611. 宋金時期的銀鋌「行人」銘文，李合群，北京社會科學，2016 年第 2 期。

1612. 金代鹽課銀鋌考述，李小萍，中國錢幣論文集（第六輯），中國金融出版社，2016 年。

1613. 慶城縣博物館館藏彭原銀錠再考，范仲傑，文物鑑定與鑑賞，2020 年第 8 期。

1614. 天眷華夏 喜獲「天眷通寶」名珍小記，馬肖，收藏，2017 年第 8 期。

1615. 新發現的金代「大定通寶」背「申酉」折十試鑄幣初探，周泰宇，湖北錢幣專刊（總第 15 期），2016 年。

1616. 鈔券版最大面額現身 揭金代「通州行尚書六部三萬貫會子」銅鈔版歷史雲煙，戎畋松，收藏，2017 年第 12 期。

1617. 孤品尋蹤：金代「崇慶」伍伯文小額銅鈔版，戎畋松，收藏，2017 年第 11 期。

1618. 宋遼金元時期壓勝錢文物價值探究，權莎，重慶師範大學碩士學位論文，2018 年。

六、民　族

（一）契丹族

1619. 「契丹」始見中國史籍考，陳鵬，江海學刊，2017 年第 3 期。

1620. 從神話傳說看契丹族起源之謎，楊軍、李冬彤，中國社會科學報，2017 年 8 月 8 日第 4 版。

1621. 論契丹神話傳說中的多圖騰崇拜與文化演變，和談、熱米拉・斯力木，西南民族大學學報（人文社會科學版），2020 年第 12 期。

1622. 契丹族起源問題探析，劉凌淞，開封教育學院學報，2018 年第 3 期。

1623. 契丹族起源與木葉山地望之爭，任崇岳，中國社會科學報，2019 年 5 月 7 日第 6 版。

1624. 契丹人的人類學研究，（蒙古）圖門・達什策維格著，丁曉雷譯，王明輝校，東亞都城和帝陵考古與契丹遼文化國際學術研討會論文集，科學出版社，2016 年。

1625. 契丹、沙子里、托克馬克與怒江──歷史上的契丹及契丹人，任愛君，遼寧師範大學學報（社會科學版），2017 年第 5 期。

1626. 契丹、沙子里、托克馬克與怒江──歷史上的契丹及契丹人，任愛君，契丹學研究（第一輯），商務印書館，2019 年。

1627. 契丹居地變遷考，畢德廣，內蒙古社會科學，2020 年第 2 期。

1628. 由蒐獮為務到崇儒之美：契丹大族社會性格轉變述論，郝振宇，內蒙古民族大學學報（社會科學版），2020 年第 1 期。

1629. 多重層累歷史與雙重正統建構：宇文部、北周與契丹先世史敘述的考察，溫拓，民族研究，2020 年第 2 期。

1630. 北魏與契丹關係述論，李俊，蘭臺世界，2020 年第 8 期。

1631. 唐與契丹關係研究，馬艾鴻，安徽大學博士學位論文，2018 年。

1632. 唐代契丹君長相關問題考辨，辛時代，遼金史論集（第十六輯），黑龍江人民出版社，2017 年。

1633. 唐代営州における契丹人と高句麗人，森部豊，関西大學東西學術研究所紀要（52），2019 年 4 月。

1634. 遼朝民族意識探究——以漢人契丹人為中心，洪嘉璐，渤海大學碩士學位論文，2016 年。

1635. 淺析遼朝前期民族思想，楊鵬，今古文創，2020 年第 12 期。

1636. 聖宗三十四部の編成に見る遼朝の部族制，渡邊美樹，東洋學報（102卷 3 期），2020 年 12 月。

1637. 報告要旨 聖宗三十四部の編成に見る遼朝の部族制（彙報 第五八回史學研究會大會報告），渡邊美樹，2020 年 11 月。

1638. 宋元時期契丹人對中亞的重要貢獻，秋香，華夏文化，2017 年第 1 期。

1639. 敦煌莫高窟壁畫中的髡髮人物，李金娟，敦煌研究，2018 年第 1 期。

1640. 契丹人都去哪兒了，莫志信，呼倫貝爾日報，2016 年 8 月 19 日第 3 版。

1641. 契丹族消亡探析，賈秀梅，文物鑒定與鑒賞，2018 年第 19 期。

1642. 契丹民族「集體失蹤」之謎，何憶，現代閱讀，2019 年第 9 期。

1643. 莫力達瓦契丹遺風，侯朝陽，旅遊，2019 年第 1 期。

1644. 莫力達瓦漁獵牧耕的契丹遺風，文侯朝陽，美麗鄉村，2019 年第 2 期。

1645. 契丹的後裔達翰爾族，陳海汶，中國國家地理，2019 年第 6 期。

1646. 雲南保山蔣家想來遼寧尋親，張昕，遼寧日報，2018 年 8 月 16 日 T15版。

1647. 非遺視角下滇西「本人」研究，張靖宇，赤峰學院學報（漢文哲學社會科學版），2020 年第 11 期。

1648. 歷史教學中的探究——以契丹族為例，王若冰，中國校外教育，2020 年第 32 期。

（二）女真族

1649. 肅慎族系演進考，郭孟秀，學習與探索，2019 年第 5 期。

1650. 肅慎係諸族（部）命名方式初探，關銳、尤文民，黑龍江民族叢刊，2017 年第 4 期。

1651. 金之先出靺鞨氏，李秀蓮，哈爾濱學院學報，2018 年第 2 期。

1652. 遼代女真完顏部來源新探，韓世明，遼金史論集（第十五輯），科學出版社，2017 年。

1653. 遼代生女真屬部官屬考論，程尼娜，蘭州大學學報（社會科學版），2020 年第 5 期。

1654. 金代完顏部起源研究，景愛，地域文化研究，2020 年第 2 期。

1655. 說「完顏」——關於女真族的歷史記憶與姓氏辨說，邱靜嘉，清華元史（第六輯），商務印書館，2020 年。

1656. 女真族迅速發展的原因探究，吳榮政，佛山科學技術學院學報（社會科學版），2018 年第 6 期。

1657. 女真と胡里改：鉄資源と加工技術の行方に見る完顏部の勃興（環北太平洋地域の伝統と文化（2）アムール下流域・沿海地方），井黑忍，北方民族文化シンポジウム網走報告（32），北海道立北方民族博物館，2018 年。

1658. 女真と胡里改：鐵加工技術に見る完顏部と非女真係集団との関係（金・女真の歴史とユーラシア東方；金代の政治・制度・國際関係），井黑忍，アジア遊學（233），2019 年 4 月。

1659. 華夏與夷狄：關於女真族形象的文化想像，阮怡，中央民族大學學報（哲學社會科學版），2016 年第 6 期。

1660. 10～12 世紀女真「海寇」問題研究，馬業傑，遼寧大學碩士學位論文，2019 年。

1661. 試探十至十二世紀朝鮮半島女真人的分布，周爽，遼金史論集（第十四輯），中國社會科學出版社，2016 年。

1662. 試探 13 至 14 世紀朝鮮半島女真人的分布，宮蘭一、周爽，北方文物，2016 年第 4 期。

1663. 《高麗史》所見女真諸部朝貢高麗情況研究，張儒婷，遼金歷史與考古（第八輯），科學出版社，2017 年。

1664. 元・明時代の女真（直）とアムール河流域（金・女真の歴史とユーラシア東方；女真（ジュシェン）から満洲（マンジュ）へ），中村和之，アジア遊學（233），2019 年 4 月。

1665. ジュシェンからマンジュへ：明代のマンチュリアと後金國の興起（金・女真の歴史とユーラシア東方；女真（ジュシェン）から満洲（マンジュ）へ），杉山清彥，アジア遊學（233），2019 年 4 月。

1666. 馬亞川講述的女真薩滿神話，高荷紅，滿語研究，2018 年第 2 期。

1667. 陝西岐山女真遺民完顏氏世系碑文考釋，楊富學、王小紅，吉林大學社會科學學報，2020 年第 1 期。

1668. 陝西岐山女真遺民完顏氏世系碑再探，楊富學、王小紅，寶雞文理學院學報（社會科學版），2020 年第 6 期。

1669. 元明女真部族金源意識的延續，王懿冰、韋蘭海，滿族研究，2020 年第 4 期。

1670. 物化之神：完顏氏家族的神「影」和家族神廟，楊田，湖北民族學院學報（哲學社會科學版），2018 年第 1 期。

1671. 略論閩臺黏姓，李照斌，尋根，2017 年第 1 期。

（三）渤海

1672. 渤海族形成與發展研究，孫倩，東北師範大學博士學位論文，2016 年。

1673. 渤海族的凝聚及其消亡，苗威，延邊大學學報（社會科學版），2017 年第 5 期。

1674. 大諲譔時代渤海對周邊政策分析，趙振成，通化師範學院學報，2017 年第 9 期。

1675. 遼金交替期的渤海人，羅永男，遼金史論集（第十六輯），黑龍江人民出版社，2017 年。

1676. 遼金時期渤海遺裔的政治境遇與文學表現，李瑩，牡丹江師範學院學報（哲學社會科學版），2017 年第 3 期。

1677. 遼金時期遼東地區渤海遺民群體之間通婚初探——以張氏家族為主線，李智裕，遼金歷史與考古（第八輯），科學出版社，2017 年。

1678. 遼代後期渤海人的政治鬥爭——以興遼國和大渤海的理解為中心，羅永男，宋史研究論叢（第 19 輯），河北大學出版社，2016 年。

1679. 渤海國遺民之反遼鬥爭，王旭，東北亞研究論叢（九），東北師範大學出版社，2016 年。

1680. 試析遼代渤海遺民的生存狀態，黃為放，東北亞研究論叢（第 11 輯），商務印書館，2019 年。

1681. 東丹遺民流向考，都興智，遼金史論集（第十五輯），科學出版社，2017 年。

1682. 金代渤海世家及其與金朝皇族的聯姻，孫煒冉，博物館研究，2016 年第 4 期。

1683. 金代渤海人猛安謀克考述，王崎，民族史研究（第十四輯），中央民族大學出版社，2018 年。

1684. 略論金代渤海遺民佛教信仰——以出土石刻文物為中心，李智裕，遼金史論集（第十七輯），中國社會科學出版社，2019 年。

1685. 遼金時遼陽渤海人復國鬥爭演變歷程，劉肅勇，遼寧省博物館館刊（2015），遼海出版社，2016 年。

（四）奚族

1686. 安史之亂後奚族與唐朝的關係，王麗娟，內蒙古大學學報（哲學社會科學版），2018 年第 4 期。

1687. 早期奚族與後世奚族芻議，沈軍山、田淑華、王為群，河北民族師範學院學報，2019 年第 2 期。

1688. 論奚人的社會組織及其首領繼承制度，王麗娟，中央民族大學學報（哲學社會科學版），2019 年第 4 期。

1689. 遼代奚王及其權力喪失研究，馬昊，河北大學碩士學位論文，2019 年。

1690. 遼寧省喀左縣利州古塔維修發現溯源，馬德全，蘭臺世界，2019 年第 8 期。

1691. 宋使所見奚疆風貌——以行程錄和使遼詩為中心，周峰，北方民族，2019 年第 3 期。

1692. 奚族概要與回離保所建奚國諸遺址考證，張猛、邢啟坤，遼金歷史與考古（第十輯），科學出版社，2019 年。

1693. 承德地區奚族歷史研究三題，余曉楓，河北民族師範學院學報，2018 年第 4 期。

1694. 承德奚族史蹟考略，沈軍山、王曉強、田淑華，文物春秋，2020 年第 3 期。

（五）其他民族和部族

1695. 遼代五國部研究，李俊，吉林大學碩士學位論文，2019 年。

1696. 遼金時期的達斡爾族先人——「達魯古」，卓仁，遼金歷史與考古（第 十輯），科學出版社，2019 年。

1697. 霤族考，李榮輝，西北民族大學學報（哲學社會科學版），2016 年第 1 期。

1698. 霤與白霤及霤與奚有關問題考辨，馬德全，內蒙古師範大學學報（哲學 社會科學版），2020 年第 4 期。

1699. 遼代「白霤」考，齊偉，宋史研究論叢（第 18 輯），河北大學出版社， 2016 年。

1700. 兀惹考辨，苗威，通化師範學院學報，2016 年第 4 期。

1701. 12 世紀中後期蒙古部歷史研究，趙筱，遼寧師範大學碩士學位論文， 2019 年。

1702. 說「迪烈子」——關於遼金元時期族名後綴問題，陳曉偉，遼金歷史與 考古（第七輯），遼寧教育出版社，2017 年。

1703. 從契丹—元朝故地圖畫雕塑文物看元上都等地的黑人，王大方，契丹學 研究（第一輯），商務印書館，2019 年。

1704. 金朝以來小黃頭室韋相關問題考，趙國強、李磊、吳克堯、趙東升，黑 龍江民族叢刊，2017 年第 6 期。

1705. 宋金時期西北吐蕃史事雜考——以盧甘、木波為中心，李瑾文，西北師 範大學碩士學位論文，2018 年。

（六）民族關係

1706. 宋遼夏金時期的民族和文化，史金波，中國遼夏金研究年鑒 2014，中國 社會科學出版社，2016 年。

1707. 遼代西京地區民族分布與民族交流，彭文慧，遼寧工程技術大學學報 （社會科學版），2016 年第 3 期。

1708. 兩宋遼金繪畫中的宋與周邊民族交往研究，羅原，西南民族大學博士學 位論文，2019 年。

1709. 盟友抑或敵人——補釋契丹與奚的關係，尤李，內蒙古師範大學學報（哲學社會科學版），2017 年第 5 期。

1710. 金代東京路少數民族分布格局的變化，馬業傑，遼寧工程技術大學學報（社會科學版），2018 年第 4 期。

1711. 金末民族關係述論——從高庭玉、楊庭秀、韓玉之死說起，張寶坤，中央民族大學學報（哲學社會科學版），2019 年第 4 期。

（七）民族政策

1712. 論唐對契丹的民族政策，馬艾鴻，鄭州航空工業管理學院學報（社會科學版），2017 年第 5 期。

1713. 略論遼朝中期的民族思想，張娟，煙臺大學碩士學位論文，2019 年。

1714. 試論遼代「民族分治」的治安思想，林麗群，佳木斯職業學院學報，2018 年第 1 期。

1715. 試論遼代早期對待漢人的政治政策，劉惟，長江叢刊，2016 年第 9 期。

1716. 遼朝對女真族的控馭演變述論，謝曼，報刊薈萃，2017 年第 12 期。

1717. 民族交往視角下的西夏與遼朝民族政策探析，張順利，煙臺大學碩士學位論文，2017 年。

1718. 遼代對渤海人的統治政策及民族同化，孫煒冉，博物館研究，2016 年第 2 期。

1719. 遼朝對阻卜各部的治理述論，田曉雷、王萬志，中國邊疆史地研究，2018 年第 1 期。

1720. 遼金阻卜、阻䪁治理體制差異述論，田曉雷，西夏研究，2020 年第 3 期。

1721. 論遼道宗朝的阻卜之亂，趙天舒，廣播電視大學學報（哲學社會科學版），2020 年第 2 期。

1722. 遼朝與室韋諸部關係述論——以突呂部室韋、室韋部、達盧古部、黑車子室韋為例，李俊，黑河學院學報，2020 年第 11 期。

1723. 論遼朝對鐵驪的經略，李俊，呼倫貝爾學院學報，2019 年第 5 期。

1724. 淺析金代的民族政策與民族融合，祖岳，黑龍江史志，2018 年第 5 期。

1725. 金代の契丹人と奚人（金・女真の歴史とユーラシア東方；金代の政治・制度・國際関係），吉野正史，アジア遊學（233），2019 年 4 月。

1726. 淺析金代對北京路契丹、奚族的民族政策，寧波，北方文物，2016 年第 2 期。

1727. 從糺軍建制看金代民族政策的影響，馬業傑，哈爾濱學院學報，2019 年第 9 期。

1728. 金朝統治者對渤海遺民的招撫與同化——兼論渤海族消亡的原因，桑東輝，知與行，2017 年第 9 期。

（八）民族融合

1729. 北宋遼西夏時期的民族交融與詞曲流變，陳平、黃志浩，社會科學家，2016 年第 9 期。

1730. 遼金時期遼西走廊各民族文化認同的基礎，梁小平，今古文創，2020 年第 31 期。

1731. 宋金元時期民族觀念的演化，孔令潔，西南大學學報（社會科學版），2019 年第 4 期。

1732. 遼代的民族融合及其影響，韓聰，煙臺大學碩士學位論文，2017 年。

1733. 從遼朝內民族交融看「多元一體」格局的形成，李蕊怡，泰山學院學報，2020 年第 3 期。

1734. 契丹民族的遷徙和漢化——以向南遷徙為例，豆中浩，文物鑒定與鑒賞，2020 年第 10 期。

1735. 遼代漢人契丹化現象述略，肖忠純、汪妮，遼金史論集（第十六輯），黑龍江人民出版社，2017 年。

1736. 試析遼代墓葬壁畫中表現的漢化與契丹化並行現象，孫俊峰，內蒙古大學碩士學位論文，2016 年。

1737. 從民族融合視角看儒家文化對契丹族墓葬壁畫的影響，李玉君、張新朝，渤海大學學報（哲學社會科學版），2016 年第 1 期。

1738. 金代社會漢化的表現概述，張帆，祖國，2016 年第 12 期。

1739. 金代社會漢化的具體表現及漢化對金政權的影響，倪雪梅，赤子，2018 年第 10 期。

1740. 金熙宗朝漢文化認同的困境與社會形態，李秀蓮、毛正旭，遼金歷史與考古（第十一輯），科學出版社，2020 年。

1741. 金代女真人墓誌所見文化交融與認同，周峰，中央社會主義學院學報，2020 年第 1 期。

1742. 金元民族政權的漢化差異史鑒，曾小武，檔案天地，2016 年第 3 期。

1743. 金元之際女真、漢人族際通婚研究，閆興潘，宋史研究論叢（第 18 輯），河北大學出版社，2016 年。

七、人　物

（一）帝后

1744. 遼代帝后諡號研究，馮璐，遼寧師範大學碩士學位論文，2019 年。

1745. 遼朝開國皇帝耶律阿保機，麻鈴，中外企業家，2016 年第 29 期。

1746. 遼太祖傳說的歷史學解讀，劉兆成、姜維公，高考，2016 年第 21 期。

1747. 耶律阿保機利用宗教構建與鞏固皇權考略，祁麗、孫文政，哈爾濱學院學報，2019 年第 9 期。

1748. 耶律阿保機的情感生活與遼初政治，稅玉婷，赤峰學院學報（漢文哲學社會科學版），2019 年第 5 期。

1749. 遼太宗耶律德光的尊號與諡號探析，肖愛民，內蒙古社會科學（漢文版），2016 年第 5 期。

1750. 遼太宗二次即位考釋，耿濤，北方文物，2017 年第 3 期。

1751. 「臘肉皇帝」——耶律德光，李康彪，初中生學習指導，2019 年第 1 期。

1752. 「扶餘之變」到「橫渡之約」：遼世宗即位始末考辨，耿濤，中央民族大學學報（哲學社會科學版），2019 年第 6 期。

1753. 遼世宗被弒原因探微，盧修龍，佳木斯大學社會科學學報，2019 年第 1 期。

1754. 遼穆宗時期內政與外交政策研究，畢春宇，內蒙古民族大學碩士學位論文，2020 年。

1755. 遼穆宗精神分裂疾病問題研究，王金秋，赤峰學院學報（漢文哲學社會科學版），2019 年第 10 期。

1756. 遼景宗的情感世界與遼朝中期政局，劉麗影，赤峰學院學報（漢文哲學社會科學版），2019 年第 5 期。

1757. 遼聖宗耶律隆緒的尊號與諡號辨析，肖愛民，河北大學學報（哲學社會科學版），2017 年第 1 期。

1758. 遼聖宗耶律隆緒的尊號與諡號，肖愛民，遼金史論集（第十六輯），黑龍江人民出版社，2017 年。

1759. 遼聖宗即位初治族靖邊舉措述論，盧修龍，佳木斯大學社會科學學報，2019 年第 4 期。

1760. 遼代碑刻中「文成皇帝」與宋人所記遼「文成皇帝」辨析，肖愛民，遼金史論集（第十五輯），科學出版社，2017 年。

1761. 遼道宗的情感世界與遼朝後期政治——以蕭觀音案為中心，王征，赤峰學院學報（漢文哲學社會科學版），2019 年第 5 期。

1762. 試論遼道宗的法制改革，才俊良，河北北方學院學報（社會科學版），2019 年第 2 期。

1763. 天祚帝的情感世界與遼朝滅亡，王金秋，赤峰學院學報（漢文哲學社會科學版），2019 年第 5 期。

1764. 耶律大石與西遼的建立——從地緣角度析遼末契丹復國路線之爭，鄭毅，理論觀察，2020 年第 3 期。

1765. 耶律大石北奔可敦城原因分析，段立婷，戲劇之家，2018 年第 15 期。

1766. 耶律大石西征與河中「回回國王」之歸降，楊富學、葛啟航，青海民族研究，2020 年第 3 期。

1767. 雄金三帝，段術寶，小學閱讀指南（高年級版），2017 年第 1 期。

1768. 女真皇帝と華北社會：郊祀覃官からみた金代「皇帝」像（金・女真の歴史とユーラシア東方；金代の社會・文化・言語），飯山知保，アジア遊學（233），2019 年 4 月。

1769. 金代皇帝得諡程序和禮儀考析，劉小玉，吉林廣播電視大學學報，2020 年第 7 期。

1770. 試論金代皇帝宴飲活動的政治功效，李大偉，吉林廣播電視大學學報，2020 年第 7 期。

1771. 金太祖神跡成因的地理學與物理學解釋路徑，宋繼剛，長春師範大學學報，2019 年第 9 期。

1772. 試論金朝開國皇帝太祖完顏阿骨打，麻鈴，現代交際，2016 年第 22 期。

1773. 論完顏阿骨打的治國謀略，沙大禹，綏化學院學報，2016 年第 6 期。

1774. 論金熙宗即位後的政治改革及心理變化，陳曉曉，淮北職業技術學院學報，2017 年第 2 期。

1775. 完顏亮的多面人生，張望朝，文史知識，2016 年第 6 期。

1776. 完顏亮生平與其述志詩詞，劉肅勇，社會科學戰線，2016 年第 3 期。

1777. 欲覓知音少 弦斷有誰聽？——金朝海陵王與其知己大臣蕭裕關係解讀，張艦戈，文化學刊，2018 年第 3 期。

1778. 別樣海陵王，耿改平，呼倫貝爾學院學報，2019 年第 3 期。

1779. 完顏亮的情感世界與金代政治，李玉磊，赤峰學院學報（漢文哲學社會科學版），2019 年第 6 期。

1780. 金海陵王心理疾病研究，王征，赤峰學院學報（漢文哲學社會科學版），2019 年第 10 期。

1781. 完顏亮弒君及弒母二事再考，蘇曉芬，（臺灣）華岡史學（第 6 期），2019 年 3 月。

1782. 金海陵王毀寺建陵原因探析，姜子強，哈爾濱學院學報，2020 年第 2 期。

1783. 海陵王南伐侵宋失敗問題研究，孫文政，赤峰學院學報（漢文哲學社會科學版），2020 年第 12 期。

1784. 完顏亮「無道主」形象的形成與流傳，馬馳原，哈爾濱學院學報，2016 年第 2 期。

1785. 「無道主」與「小堯舜」——論金實錄對海陵庶人、金世宗形象的塑造，楊永康、楊潔，史學史研究，2017 年第 2 期。

1786. 金代海陵王、金世宗治國理政的路徑與效果探析，吳鳳霞，遼寧工程技術大學學報（社會科學版），2017 年第 6 期。

1787. 金世宗燕人上層「詭隨」論探析，符海朝，蘭州學刊，2016 年第 7 期。

1788. 金世宗「燕人詭隨」論探析，符海朝，遼金史論集（第十五輯），科學出版社，2017 年。

1789. 金世宗在女真民族漢化進程中的重要作用分析，王法，長江叢刊，2016 年第 19 期。

1790. 從「順昌之戰」到「大定之治」——金世宗的人生嬗變與金代順昌府（潁州）的恢復與重建，李興武，阜陽師範學院學報（社會科學版），2017 年第 2 期。

1791. 金世宗改名辨析，馮先思，暨南史學（第二十輯），暨南大學出版社，2017 年。

1792. 試析金世宗對政權合法性的塑造，周永川，河北北方學院學報（社會科學版），2017 年第 4 期。

1793. 完顏雍與「大定盛世」，韓晗，中國民族報，2017 年 3 月 17 日第 9 版。

1794. 金世宗的「創舉」，唐寶民，炎黃縱橫，2017 年第 1 期。

1795. 金世宗的用樂之道與音樂才能，潘江，音樂傳播，2017 年第 1 期。

1796. 金世宗時期官員任用政策研究，高鵬，遼寧大學碩士學位論文，2017 年。

1797. 略論《金史》中金世宗整頓吏治的主要措施，史聰聰，理論觀察，2019 年第 9 期。

1798. 烏林答氏‧李氏‧金世宗：金世宗的情感世界與金朝政局，王金秋，赤峰學院學報（漢文哲學社會科學版），2019 年第 6 期。

1799. 簡析論金章宗對女真文化的復興政策，關璐瑩，中國民族博覽，2018 年第 12 期。

1800. 論金章宗與金朝國勢逆轉的關係，王德忠，遼金史論集（第十六輯），黑龍江人民出版社，2017 年。

1801. 淺談金章宗時期金朝由盛轉衰的原因，王漢書，新西部（中旬‧理論），2017 年第 5 期。

1802. 試論金章宗發展金朝教育的措施與作用，孫赫陽，鋒繪，2020 年第 2 期。

1803. 金章宗的文學活動及其意義，胡傳志，民族文學研究，2020 年第 4 期。

1804. 由幾則史料也說金章宗與泰和宮，陳韶旭，張家口日報，2019 年 6 月 24 日第 7 版。

1805. 試論金衛紹王完顏永濟的執政得失，李俊，遼寧工程技術大學學報（社會科學版），2018 年第 5 期。

1806. 對金宣宗遷都南京的評析，牛忠菁，西部學刊，2019 年第 8 期。

1807. 金哀宗棄汴遷蔡始末考論，李俊，佳木斯大學社會科學學報，2020 年第 4 期。

1808. 再論淳欽後與耶律倍的母子關係——兼考韓知古被俘入遼的時間，鄭軍帥、高美，遼寧工程技術大學學報（社會科學版），2018 年第 3 期。

1809. 遼太祖淳欽皇后兄弟姊妹考，史風春、王曉寧，遼金史論集（第十五輯），科學出版社，2017 年。

1810. 遼世宗皇后研究，李月新，河北北方學院學報（社會科學版），2016 年第 2 期。

1811. 遼王朝契丹族女傑承天太后蕭綽，劉肅勇，遼金歷史與考古（第八輯），科學出版社，2017 年。

1812. 告訴你不一樣的蕭太后，盧立業、賈知梅，遼寧日報，2018 年 8 月 16 日 T16 版。

1813. 《燕雲臺》女主角蕭燕燕原型：大遼蕭太后的傳奇人生，金滿樓，海南日報，2020 年 11 月 30 日 B11 版。

1814. 試論遼朝太后蕭綽在澶淵之盟中的作用與影響，陳景濤、張園園，殷都學刊，2018 年第 4 期。

1815. 遼國太后蕭綽生平的文學傳播研究，張雅難，瀋陽師範大學碩士學位論文，2019 年。

1816. 遼末三位蕭太后，楊昆，國家人文歷史，2017 年第 20 期。

1817. 遼國大事蕭氏說了算，王岩頔，遼寧日報，2017 年 10 月 21 日第 12 版。

1818. 大遼皇后蕭觀音冤獄的多維視角研究，張志勇，遼寧工程技術大學學報（社會科學版），2016 年第 2 期。

1819. 金熙宗悼平皇后研究，丁瑜、董麗暉，時代報告，2020 年第 3 期。

（二）其他人物

1820. 失意的皇子，得意的畫家——「讓國皇帝」耶律倍，于博，文史知識，2016 年第 4 期。

1821. 淺談耶律倍為何成為「讓國皇帝」，袁成，赤峰學院學報（漢文哲學社會科學版），2018 年第 6 期。

1822. 淺析人皇王耶律倍讓位始末，王加冊，金顏永晝：康平遼代契丹貴族墓專題，北京聯合出版公司，2019 年。

1823. 耶律倍的讓國與儒學在遼代的傳播，賈秀云，北方工業大學學報，2020 年第 1 期。

1824. 淺析「讓國皇帝」耶律倍，滕濟楠，北方文學，2019 年第 20 期。

1825. 遼國太子會畫畫嗎？吳啟雷，看歷史，2019 年第 8 期。

1826. 遼代耶律李胡與和魯斡的封號，張少珊，民族研究，2016 年第 2 期。

1827. 析「爾與後有父母之尊」，史風春，遼金史論集（第十四輯），中國社會科學出版社，2016 年。

1828. 遼外戚蕭思溫事蹟考述，都興智，關東學刊，2017 年第 9 期。

1829. 耶律罨撒葛夫婦與遼朝政局研究，李耀興，河北大學碩士學位論文，2020 年。

1830. 遼太宗之子罨撒葛考，李耀興，河北北方學院學報（社會科學版），2019 年第 1 期。

1831. 遼朝皇太妃蕭胡輦考，李耀興，遼東學院學報（社會科學版），2019 年第 5 期。

1832. 蕭徒姑撒考，史風春，北方文物，2016 年第 2 期。

1833. 遼耶律休哥世系考，胡娟、姚崇，遼金歷史與考古（第十輯），科學出版社，2019 年。

1834. 契丹文史料所見安團將軍及割烈司徒名諱考釋，彭韃茹罕，內蒙古社會科學（漢文版），2019 年第 3 期。

1835. 從出土的石刻資料看蕭翰的出身和族帳，都興智，遼金史論集（第十七輯），中國社會科學出版社，2019 年。

1836. 遼代畫院待詔張文甫小考，魏聰聰，美術，2019 年第 5 期。

1837. 遼朝韓德讓賜名賜姓考論，馮科，內蒙古民族大學學報（社會科學版），2018 年第 1 期。

1838. 遼聖宗朝皇太弟耶律隆慶及其諸子為官仕宦述評，李宇明，赤峰學院學報（漢文哲學社會科學版），2016 年第 5 期。

1839. 內蒙古多倫縣小王力溝遼代貴妃墓墓主家世再考，史風春，北方文物，2020 年第 5 期。

1840. 陳國公主：只羨鴛鴦不羨仙，杭侃，中國青年報，2020 年 1 月 7 日第 10 版。

1841. 遼南京留守耶律和魯斡、耶律淳父子崇佛史事考，尤李，平頂山學院學報，2018 年第 4 期。

1842. 遼朝史官耶律良考略，黃震，新西部，2020 年第 12 期。

1843. 耶律儼及其歷史功績，何慶餘，文物鑒定與鑒賞，2020 年第 1 期。

1844. 遼代張琳初考，王志鋼，文化學刊，2016 年第 6 期。

1845. 耶律余睹史跡初探，趙福靜，內蒙古大學碩士學位論文，2018 年。

1846. 關於金始祖函普的幾個問題——族屬、遷徙、婚姻及兄弟後裔，都興智，黑龍江社會科學，2017 年第 4 期。

1847. 宋人紀錄中的金太祖諸子——以「集體描述」為中心的觀察，陳昭揚，臺灣師大歷史學報（第 62 期），2019 年 12 月。

1848. 論完顏宗翰的對遼政策，劉歆悅，中國民族博覽，2020 年第 6 期。

1849. 金世宗下詔粘罕改葬金陵旁，陳士平，黑龍江史志，2016 年第 9 期。

1850. 完顏宗弼的外交手腕——以紹興和議為例，王澤民，（臺灣）史轍（第 13 期），2017 年 7 月。

1851. 紇石烈阿疏與遼、金戰爭，王嶠，黑河學院學報，2016 年第 1 期。

1852. 朱弁生年新考，馬超，漯河職業技術學院學報，2020 年第 5 期。

1853. 論使金時期的南宋使臣洪皓，蔣洋傑，重慶師範大學碩士學位論文，2019 年。

1854. 淺析大宋使臣洪皓與完顏希尹的交往活動，蔣洋傑，佳木斯職業學院學報，2018 年第 3 期。

1855. 舒蘭　洪皓和完顏希尹，兩個大文人　一對死對頭，李占恒，東北之窗，2020 年第 10 期。

1856. 金初名臣韓昉小議，鄭可心，黑河學院學報，2020 年第 1 期。

1857. 金朝修建燕京汴京宮城指揮家遼陽渤海張浩，劉肅勇，遼寧省博物館館刊（2017），遼海出版社，2018 年。

1858. 金代女真進士完顏匡研究，閆興潘，遼寧工程技術大學學報（社會科學版），2017 年第 5 期。

1859. 「金總管」徒單恭，潘明生，當代檢察官，2019 年第 9 期。

1860. 「金朝岳飛」僕散安貞死因考辨，林碩，關東學刊，2017 年第 5 期。

1861. 完顏璹的人生價值取向和三教思想——以《中州集》完顏璹詩為中心，馮大北、張秀春，忻州師範學院學報，2017 年第 6 期。

1862. 貪殘專恣的胡沙虎，楊嶺，當代檢察官，2018 年第 6 期。

1863. 高永昌與「大渤海國」的歷史影響，史話，東北史地，2016 年第 2 期。

1864. 蒲鮮萬奴及其東真國，李秀蓮，黑河學院學報，2016 年第 5 期。

1865. 從郭藥師看宋金的降將政策，周志琪，青春歲月，2016 年第 3 期。

1866. 五朝名臣——張浩，劉暢，百科知識，2016 年第 12 期。

1867. 試論金末漢族士人侯摯，卜曉菲，黑河學刊，2020 年第 2 期。

1868. 儒釋道文化對王寂精神世界的影響，張懷宇，許昌學院學報，2019 年第 6 期。

1869. 王寂與東北，吳鳳霞，遼金史論集（第十五輯），科學出版社，2017 年。

1870. 王寂記錄的金代東北風貌，周峰，北方民族，2020 年第 1 期。

1871. 王庭筠與米芾關係考，劉超，文史雜誌，2016 年第 1 期。

1872. 王庭筠及其書法藝術，豐俊青，藝術家，2020 年第 4 期。

1873. 金代文士劉長言家世生平考，聶立申，泰山學院學報，2016 年第 4 期。

1874. 金代詩人王元粹研究心得，張矢的，語文教學通訊·D 刊（學術刊），2016 年第 1 期。

1875. 金代詩人雷琯研究心得，張矢的，現代語文（學術綜合版），2016 年第 5 期。

1876. 金代名儒李之翰生平及交遊考，聶立申、王穎丹，魯東大學學報（哲學社會科學版），2019 年第 3 期。

1877. 金元文人李俊民與僧道人士交遊考，龔雨璐，湖南師範大學碩士學位論文，2016 年。

1878. 金末文壇領袖李純甫研究綜述，郭雅楠，忻州師範學院學報，2016 年第 3 期。

1879. 金代李純甫《鳴道集說》佛學思想試探，江良健，（臺灣）有鳳初鳴年刊（第 12 期），2016 年 5 月。

1880. 黨懷英的困境與蛻變——金源文化精英形成的一個樣本，董雅靜，桂林師範高等專科學校學報，2020 年第 1 期。

1881. 金代文宗黨懷英文學活動研究，魏華倩，北方文學，2019 年第 17 期。

1882. 趙秉文與金末文風之變，于東新，民族文學研究，2016 年第 3 期。

1883. 金末文壇領袖趙秉文研究綜述，常小蘭，忻州師範學院學報，2016 年第 3 期。

1884. 金源文宗趙秉文交遊活動述考——兼論趙秉文與金末文壇建設，于東新、魏華倩，殷都學刊，2018 年第 1 期。

1885. 從史論看趙秉文的儒學思想，賈秀云，吉林師範大學學報（人文社會科學版），2019 年第 2 期。

1886. 「詩中居士」趙秉文佛緣解讀，常小蘭，名作欣賞，2020 年第 2 期。

1887. 趙秉文《道德真經集解》中的重玄之思，蘇軼璿，中國社會科學報，2020 年 5 月 14 日第 8 版。

1888. 「尚意」：王若虛創作論思想細析，章輝、殷亞林，河北科技師範學院學報（社會科學版），2016 年第 1 期。

1889. 金代儒士郝天挺，施亮，海內與海外，2018 年第 4 期。

1890. 金元易代白華、白樸的政治態度與內心世界，張建偉、劉文朝，中北大學學報（社會科學版），2018 年第 4 期。

1891. 劉祁生平與治學活動尋繹，劉山青、王海生，山西廣播電視大學學報，2018 年第 4 期。

1892. 教育思想家劉祁生卒年辨正，劉山青，忻州師範學院學報，2019 年第 2 期。

1893. 行身立志 卓爾不群──金元劉祁學習思想形成過程探析，劉山青，名作欣賞：評論版（中旬），2018 年第 12 期。

1894. 中國數學名人──李冶，語數外學習（高中版上旬），2020 年第 2 期。

1895. 紅襖軍初代首領楊安兒研究，曹文瀚，（臺灣）史學彙刊（第 37 期），2018 年 12 月。

1896. 楊妙真新論──研究現狀、基本事蹟和評價問題，姜錫東，文史哲，2016 年第 1 期。

1897. 紅襖軍首領時青、時全生平考釋與評價，曹文瀚，遼金史論集（第十六輯），黑龍江人民出版社，2017 年。

1898. 試析王鶚與文天祥面對蒙元統治之不同態度，阿慧，中國民族博覽，2017 年第 3 期。

1899. 論耶律履對陶淵明和蘇軾的接受，和談，徐州工程學院學報（社會科學版），2016 年第 4 期。

1900. 耶律楚材作品存佚情況考辨，和談，中北大學學報（社會科學版），2019 年第 1 期。

1901. 金末山西籍名士群體研究──以《歸潛志》為核心的歷史考查，張寶珅，中國地方志，2017 年第 10 期。

1902. 金元時期的王重陽與全真七子圖像考論，韓占剛，中國道教，2019 年第 4 期。

1903. 金朝遺僧龍川大師考略，崔紅芬，遼金史論集（第十七輯），中國社會科學出版社，2019 年。

八、元好問

（一）生平

1904. 《中國大百科全書》第三版元好問詞條，狄寶心，忻州師範學院學報，2017 年第 3 期。

1905. 關於元好問的權威概述（上），狄寶心，忻州日報，2017 年 8 月 13 日第 3 版。

1906. 新起點，新期待：元好問研究展望，胡傳志，名作欣賞：鑒賞版（上旬），2018 年第 11 期。

1907. 一代宗師：元好問，晏選軍，文史知識，2018 年第 7 期。

1908. 元好問的青少年時代，朱東潤，中國文學研究（第二十八輯），復旦大學出版社，2016 年。

1909. 一代文宗元好問的「初心」，張斯直，支部建設，2020 年第 9 期。

1910. 元好問與北魏文化，鄒春秀、韓冰，中北大學學報（社會科學版），2020 年第 6 期。

1911. 崢嶸華夏又一峰——論元遺山對中華文化發展的傑出貢獻，宋文明，五臺山，2016 年第 6 期。

1912. 「收有金百年之元氣，著衣冠一代之典刑」——談元好問對遼宋文化圈之並重集成（上），狄寶心、趙彩霞，名作欣賞，2019 年第 7 期。

1913. 「收有金百年之元氣，著衣冠一代之典刑」——談元好問對遼宋文化圈之並重集成（下），狄寶心、趙彩霞，名作欣賞，2019 年第 10 期。

1914. 「吾道」與文統：元好問的重要身份還原，劉成群，福建師範大學學報（哲學社會科學版），2016 年第 4 期。

1915. 假若沒有元好問，胡傳志，名作欣賞，2019 年第 1 期。

1916. 元好問的父兄淵源（上），胡傳志，名作欣賞，2019 年第 4 期。

1917. 元好問的父兄淵源（下），胡傳志，名作欣賞，2019 年第 7 期。

1918. 元好問的師友講習（上），胡傳志，名作欣賞，2019 年第 10 期。

1919. 元好問的師友講習（下），胡傳志，名作欣賞，2019 年第 13 期。

1920. 元好問的姻親，胡傳志，名作欣賞，2019 年第 16 期。

1921. 元好問的稱謂，胡傳志，名作欣賞，2019 年第 19 期。

1922. 元好問的北魏身世，胡傳志，名作欣賞，2019 年第 22 期。

1923. 元好問的長安之行，胡傳志，名作欣賞，2019 年第 25 期。

1924. 元好問的三鄉詩思，胡傳志，名作欣賞，2019 年第 28 期。

1925. 元好問的科舉觀，胡傳志，名作欣賞，2019 年第 31 期。

1926. 元好問的史院苦衷，胡傳志，名作欣賞，2019 年第 34 期。

1927. 元好問的嵩山歲月，胡傳志，名作欣賞，2020 年第 1 期。

1928. 元好問的軍旅生活，胡傳志，名作欣賞，2020 年第 4 期。

1929. 遺山縣令的民生情懷，胡傳志，名作欣賞，2020 年第 7 期。

1930. 元好問的至暗時刻，胡傳志，名作欣賞，2020 年第 10 期。

1931. 元好問與金元醫學，胡傳志，名作欣賞，2020 年第 13 期。

1932. 元好問的聊城新變，胡傳志，名作欣賞，2020 年第 16 期。

1933. 元好問在冠氏的交遊與出行，胡傳志，名作欣賞，2020 年第 19 期。

1934. 元好問的家山情，胡傳志，名作欣賞，2020 年第 22 期。

1935. 元好問晚年的奔波生活，胡傳志，名作欣賞，2020 年第 25 期。

1936. 元好問的子女，胡傳志，名作欣賞，2020 年第 28 期。

1937. 元好問的書跡，胡傳志，名作欣賞，2020 年第 34 期。

1938. 元好問與金史，關儒茜、李德山，北方論叢，2016 年第 2 期。

1939. 略論元好問的民族思想，鄭煒，煙臺大學學報（哲學社會科學版），2017 年第 5 期。

1940. 論元好問的民本實踐，狄寶心，民族文學研究，2017 年第 1 期。

1941. 元好問在平定，王儉，太原日報，2019 年 8 月 26 日第 7 版。

1942. 元好問與應縣木塔，邵連城，朔州日報，2018 年 10 月 20 日第 3 版。

1943. 元好問的家庭教育觀，陳偉慶，尋根，2017 年第 3 期。

1944. 元好問的廉潔觀，張斯直，黨課，2019 年第 15 期。

1945. 元好問的糧食觀，張斯直，太原日報，2019 年 9 月 16 日第 7 版。

1946. 金代少數民族藏書家元好問，黃桂鳳，河南圖書館學刊，2016 年第 2 期。

1947. 元好問的佛教思想與信仰——以《寄英禪師》為切入點，馮大北，名作欣賞，2020 年第 4 期。

1948. 金末社會與元好問仕隱的矛盾心態，馬鴻瑩，忻州師範學院學報，2019 年第 4 期。

1949. 論元好問的隱逸心態及隱逸詩，賈君琪、苗菁，山西大同大學學報（社會科學版），2020 年第 1 期。

1950. 元好問交遊活動及其唱和贈答詩研究，潘東平，內蒙古民族大學碩士學位論文，2018 年。

1951. 元好問在渾源交遊著述考，李潤民，山西大同大學學報（社會科學版），2017 年第 4 期。

1952. 論元好問對郝經的影響，王燕，哈爾濱學院學報，2017 年第 1 期。

1953. 論王惲與元好問等人的師承關係，高橋幸吉，忻州師範學院學報，2017 年第 3 期。

1954. 應重視研究元好問中醫理論成果，張斯直，忻州日報，2017 年 9 月 24 日第 3 版。

1955. 元好問與金代文學精神，辛一江，西南學林（2016，上），雲南民族出版社，2017 年。

1956. 元好問：金代文學の集大成者（金・女真の歴史とユーラシア東方；金代の社會・文化・言語），高橋幸吉，アジア遊學（233），2019 年 4 月。

1957. 元好問文學活動與詩歌生成研究——以南渡前及三鄉時期為例，潘東平，牡丹，2018 年第 6 期。

1958. 2000～2015 年元好問文學理論研究考察，于東新，內蒙古民族大學學報（社會科學版），2018 年第 4 期。

1959. 金代詩壇盟主元好問，曲潤海，火花，2017 年第 9 期。

1960. 詩人元好問（上），寒黎，五臺山，2017 年第 10 期。

1961. 詩人元好問（中），寒黎，五臺山，2017 年第 11 期。

1962. 詩人元好問（下），寒黎，五臺山，2017 年第 12 期。

1963. 論元好問的家國情懷——以元氏家國詩為中心，馮大北、張秀春，忻州師範學院學報，2018 年第 6 期。

1964. 元好問「學詩自警」價值發微，胡傳志，忻州師範學院學報，2018 年第 6 期。

1965. 關於元好問性格和散曲史地位的再認識，張豔，中州學刊，2017 年第 7 期。

1966. 元好問對《詩經》的容受，段少華，忻州師範學院學報，2017 年第 3 期。

1967. 金末元初文學家元好問文藝美學思想別論，章輝，呂梁學院學報，2019 年第 1 期。

1968. 楊雲翼、趙秉文、元好問的創作接力——以平定州為視域的文學考察，張勇耀，忻州師範學院學報，2019 年第 6 期。

1969. 元好問與「吳蔡體」，韓冰、鄒春秀，忻州師範學院學報，2019 年第 6 期。

（二）作品

1970. 元好問詩詞研究初探，張敏，傳播力研究，2019 年第 4 期。

1971. 元好問對傳統喪亂詩的突破，王素美，揚葩振藻集——陝西師範大學中國古代文學博士點建立三十週年畢業博士代表論文集（下），陝西師範大學出版社，2016 年。

1972. 遺山詩歌的「金亡」書寫，路元敦，名作欣賞，2019 年第 31 期。

1973. 論元好問中州詠史詩，楊忠謙，名作欣賞，2019 年第 16 期。

1974. 詠史懷古詩提升明太原縣城文化旅遊價值路徑探究——以蘇祐《太原懷古》和元好問《過晉陽故城書事》為例，李穎利，當代旅遊，2019 年第 3 期。

1975. 論元好問詩詞中的思鄉情結，胡偉棟，山西高等學校社會科學學報，2017 年第 9 期。

1976. 元遺山對李杜蘇黃詩風之繼承，降大任，名作欣賞，2017 年第 28 期。

1977. 論元好問對蘇軾作品的接受——以元好問與蘇軾作品的情意相似為視角，李卉，忻州師範學院學報，2019 年第 6 期。

1978. 從創作層面看清代詩人對元好問詩歌的接受，張靜，忻州師範學院學報，2017 年第 3 期。

1979. 元好問內鄉任上詩之雄豪特色及成因，楊曉彩，忻州師範學院學報，2017 年第 3 期。

1980. 文士與勝地的碰撞──金朝元好問東平詩賞析，王瀟婉，大眾文藝，2017 年第 19 期。

1981. 淺論元好問羈管山東六年詩歌藝術特色，宗昊，大眾文藝，2018 年第 6 期。

1982. 元好問詩歌語言風格研究，楊茜茜，鎮江高專學報，2018 年第 1 期。

1983. 元好問詩歌創作與詩學理論，張蕾，牡丹，2018 年第 15 期。

1984. 論元好問的隱逸心態及隱逸詩，賈君琪、苗菁，山西大同大學學報（社會科學版），2020 年第 1 期。

1985. 論元好問詩學的批評旨趣，洪樹華，北京教育學院學報，2020 年第 3 期。

1986. 元好問推崇《敕勒歌》的詩學理念、華化取向與獨特價值，狄寶心，名作欣賞，2020 年第 34 期。

1987. 元好問涉夢詩探析，段少華，忻州師範學院學報，2018 年第 6 期。

1988. 元好問「詩囚」說之論爭，雷嬋，文學教育（下），2019 年第 11 期。

1989. 「滄海橫流要此身」──也談遺山詩中的擔當精神，張靜，名作欣賞，2019 年第 1 期。

1990. 元好問七言古體詩風格演變之考察，劉成群，名作欣賞，2019 年第 4 期。

1991. 元好問七言律詩用典探微，賈君琪，巢湖學院學報，2019 年第 4 期。

1992. 論元好問七言律詩的對仗藝術，賈君琪，北京印刷學院學報，2019 年第 9 期。

1993. 論元好問七言律詩的章法藝術，賈君琪，長春教育學院學報，2019 年第 5 期。

1994. 元好問論詩詩在朝鮮半島的接受，許寧，名作欣賞，2019 年第 28 期。

1995. 元好問詩文在朝鮮半島的傳播與接受，許寧，民族文學研究，2020 年第 1 期。

1996. 元好問研究在韓國：朝鮮王朝後期遺山寫景詠花詩之受容，許寧，名作欣賞，2019 年第 25 期。

1997. 元好問兒童詩中的文化精神，段少華，名作欣賞，2020 年第 12 期。

1998. 論元好問杏花詩詞突出成就之因，朱千慧，名作欣賞，2019 年第 17 期。

1999. 元好問詩述沁州出土隋薛收撰《文中子墓誌》，鄧小軍，學術交流，2016 年第 1 期。

2000. 試析中國古典詩歌中的情趣和理趣——以《同兒輩賦未開海棠》為例，徐方亮，語文教學通訊‧D 刊（學術刊），2018 年第 4 期。

2001. 試論元好問《論詩三十首》，張芸，文學教育（下），2019 年第 8 期。

2002. 元好問《論詩三十首》的幾個缺位，程希，晉中學院學報，2016 年第 5 期。

2003. 元好問《論詩三十首》中有關幾例「偽體」的探討，文擒鷹，文教資料，2017 年第 8 期。

2004. 淺談元好問《論詩絕句》佳作賞析，趙金東，科學中國人，2016 年第 11 期。

2005. 接受與詮釋：元好問「論詩絕句」探析，李京佩，（臺灣）遠東通識學報（10 卷 1 期），2016 年 1 月。

2006. 從元好問的《論詩三十首》看中國古代文論批評文體的民族特色，戴婷婷，青年時代，2018 年第 11 期。

2007. 論《唐詩鼓吹》對李商隱的獨特定位——以《論詩三十首》為補充，李歡，黑龍江工業學院學報（綜合版），2018 年第 8 期。

2008. 評元好問《論詩三十首》之二十四，張蕾，學園，2018 年第 18 期。

2009. 元好問在《論詩三十首》其二十五中的內涵與主張，鄧優倩，大眾文藝，2020 年第 1 期。

2010. 元好問《論詩三十首》對明清論詩影響，方滿錦，忻州師範學院學報，2019 年第 4 期。

2011. 元好問與嚴羽詩學觀比較——以《論詩三十首》與《滄浪詩話》為中心，梁思詩，忻州師範學院學報，2019 年第 6 期。

2012. 元好問與郝經詩學比較研究，張敏，山西大學碩士學位論文，2020 年。

2013. 司空圖與元好問詩學觀之比較——以《二十四詩品》和《論詩絕句三十首》為中心，周慧，美與時代（下），2019 年第 5 期。

2014. 《論詩三十首》與《石林詩話》文學觀比較研究，瞿慧，齊齊哈爾大學學報（哲學社會科學版），2017 年第 5 期。

2015. 王士禛與元好問論詩絕句的比較研究，謝一鳴，開封文化藝術職業學院學報，2020 年第 4 期。

2016. 元好問詩歌通釋三則（一）——《岐陽三首》《遊黃華山》《潁亭留別》，查洪德，名作欣賞，2020 年第 10 期。

2017. 元好問詩歌通釋三則（二）——《眼中》《山居雜詩》《范寬秦川圖》，查洪德，名作欣賞，2020 年第 13 期。

2018. 元好問詩歌通釋三則（三）——《飲酒》《學東坡移居》《王右丞雪霽捕魚圖》，查洪德，名作欣賞，2020 年第 16 期。

2019. 元好問詩歌通釋三則（四）——《初挈家還讀書山雜詩四首》《讀書山雪中》《九日讀書山用陶詩「露淒暄風息氣清天曠明」為韻賦十詩》，查洪德，名作欣賞，2020 年第 22 期。

2020. 元好問詩歌通釋三則（五）——《西園》《雁門道中書所見》《湧金亭示同遊諸君》，查洪德，名作欣賞，2020 年第 31 期。

2021. 元好問代表詞作及其詞史地位之確立，謝永芳，連雲港師範高等專科學校學報，2020 年第 1 期。

2022. 元好問詞傳播的兩個特例，胡傳志，名作欣賞，2020 年第 31 期。

2023. 淺談元好問紀夢詞，王瑞珊，現代語文（學術綜合版），2016 年第 2 期。

2024. 淺談金代元好問《摸魚兒·雁丘辭》的傷痕與道義，謝玉麟，北方文學（中旬刊），2017 年第 2 期。

2025. 版本對比與文本細讀對詞作研究的意義——以《摸魚兒·雁丘辭》為中心，郭勇，三峽論壇（三峽文學·理論版），2018 年第 5 期。

2026. 再讀元好問與《雁丘詞》，王永紅，商情，2018 年第 31 期。

2027. 淺析元好問《鷓鴣天》詞中的酒意象，高芝玲，名作欣賞：學術版（下旬），2018 年第 3 期。

2028. 活在這珍貴的人間——賞析元好問的散曲小令《驟雨打新荷》，王倩，美文（下半月），2020 年第 7 期。

2029. 元好問《梅花引》本事旁證及「牆頭」母題，顧文若，名作欣賞，2019 年第 22 期。

2030. 一曲淒惻動人的戀情悲歌——讀元好問《摸魚兒》，胡冬萍，中文信息，2019 年第 4 期。

2031. 淺析元好問豪放詞風，陸丹，長安學刊，2018 年第 5 期。

2032. 淺析遺山詞中的用典特色，陳元，中華辭賦，2019 年第 4 期。

2033. 元好問與宋金元詞壇，韓冰，安徽師範大學碩士學位論文，2020 年。

2034. 元好問接受稼軒詞的特徵及其原因，王昊，名作欣賞，2020 年第 1 期。

2035. 遺山詞研究 40 年，于東新、姚立帥，遼寧師範大學學報（社會科學版），2020 年第 1 期。

2036. 論元好問「以曲入詞」的方法，孔策，明日風尚，2020 年第 11 期。

2037. 元好問詞集之抄本文獻考述，鄧子勉，詞學（第 41 輯），華東師範大學出版社，2019 年。

2038. 論遺山詞在民國詞壇的接受，蔡曉偉、趙永源，忻州師範學院學報，2018 年第 6 期。

2039. 《遺山樂府》中元遺山的心態變遷，肖陽，文學教育（上），2018 年第 8 期。

2040. 論吳眉孫《遺山樂府編年小箋》的學術特點及意義，蔡曉偉，忻州師範學院學報，2019 年第 4 期。

2041. 試論元好問散曲的歷史地位（上），張斯直，忻州日報，2017 年 2 月 19 日第 3 版。

2042. 試論元好問散曲的歷史地位（下），張斯直，忻州日報，2017 年 2 月 26 日第 3 版。

2043. 略論元好問散文中的女性形象，趙彩娟，陰山學刊，2019 年第 4 期。

2044. 文隨世遷：元好問雜記文論略，余敏，忻州師範學院學報，2020 年第 6 期。

2045. 元好問治病記佚文考，胡傳志，晉陽學刊，2020 年第 4 期。

2046. 遺山賦中的人生思考，賈秀云，名作欣賞，2019 年第 13 期。

2047. 元好問思想歷程的一段插曲——從其《新齋賦》說起，魏崇武，名作欣賞，2020 年第 31 期。

2048. 論元好問的序跋文，胡傳志，民族文學研究，2018 年第 5 期。

2049. 「文如其人」的正反合三種內涵——錢鍾書對元好問「心聲失真」一絕的多層闡釋，徐美秋，名作欣賞，2019 年第 19 期。

2050. 元遺山碑誌文研究，陳媛，蘭州大學碩士學位論文，2018 年。

2051. 論元好問碑誌文的文體觀，余敏，民族文學研究，2020 年第 2 期。

2052. 元好問借碑存史的書寫策略，李貴銀，歷史教學（高校版），2018 年第 8 期。

2053. 遺山碑誌文史料學價值管窺──以「貞祐遷都」與「括田」為例，喬芳，江蘇大學學報（社會科學版），2017 年第 2 期。

2054. 「國亡史作」新解──史學史與情感史視野下的元好問碑傳文，江湄，社會科學戰線，2020 年第 5 期。

2055. 元好問《通真子墓碣銘》考釋，榮國慶，中國道教，2020 年第 2 期。

2056. 《續夷堅志》雜識，王勇，中國典籍與文化，2017 年第 2 期。

2057. 元好問《續夷堅志》「作意」辨正，元偉，北京社會科學，2018 年第 11 期。

2058. 論《續夷堅志》地理信息地圖的創建，王永、鄧心，2020 年第 10 期。

2059. 再論元好問《續夷堅志》的五條「佚文」，孫建權，西部史學（第一輯），西南師範大學出版社，2018 年。

2060. 《續夷堅志》中女性人物之「草原風格」探析，王素敏，中北大學學報（社會科學版），2019 年第 4 期。

2061. 『続夷堅志』訳稿（1），高津孝訳，鹿大史學（64・65），2018 年。

2062. 元好問小說的研究面貌及展望，于東新、姚立帥，名作欣賞，2020 年第 7 期。

2063. 元好問《中州集》研究，李楠，聊城大學碩士學位論文，2017 年。

2064. 元好問《中州集》作者小傳之詩論意義，李春麗、張福勳，忻州師範學院學報，2016 年第 3 期。

2065. 《中州集》題識考論，張靜，閩江學刊，2016 年第 6 期。

2066. 元好問《中州集》的法制思維和詩性正義，黃震云，忻州師範學院學報，2017 年第 3 期。

2067. 歷代《中州集》序跋及其時代特徵，張靜，中國文學研究，2017 年第 2 期。

九、社　會

（一）社會、社會性質、社會階層

2068. 遼代醫巫閭地區社會發展探究，付智健，渤海大學碩士學位論文，2016年。

2069. 遼金時期北方地區的鄉里制度及其演變，魯西奇，文史，2019年第4輯。

2070. 從石刻資料看遼初漢人基層社會組織——以「鄉、里」為中心，張丹，山西青年，2017年第2期。

2071. 金元時期山西社會的四個面向，王洋，山西大學博士學位論文，2020年。

2072. 宋金元時期山西澤州的鄉村聚落演變——以廟宇碑刻文獻為中心，楊波，宋史研究論叢（第19輯），河北大學出版社，2016年。

2073. 「社」抑或「村」——碑刻所見宋金晉東南地區民間祭祀組織形式初探，宋燕鵬，河北學刊，2019年第1期。

2074. 金元之際的士人網絡與訊息溝通——以《中州啟札》內與呂遜的書信為中心，朱銘堅，北大史學（第20輯），北京大學出版社，2016年。

2075. 遼朝農民階層探究，彭文慧，遼寧工程技術大學學報（社會科學版），2017年第1期。

2076. 遼代奴婢身份研究，蘇雨青，內蒙古師範大學碩士學位論文，2020年。

2077. 金代奴婢來源與地位，王姝，遼寧工程技術大學學報（社會科學版），2016年第2期。

2078. 金代社會階層間個體晉升的途徑，張瀚，當代工人（C 版），2017 年第 1 期。

2079. 關於金代社會階層結構的研究，穆長青，赤子，2017 年第 28 期。

2080. 從考古發現談金中都的社會等級結構，丁利娜，北方文物，2019 年第 3 期。

2081. 金代醫者的社會地位探析，李進欣，內蒙古民族大學學報（社會科學版），2017 年第 3 期。

（二）社會習俗

2082. 契丹民俗——中華文化獨特的風韻，劉桂馨，遼寧省社會主義學院學報，2016 年第 4 期。

2083. 從《遼史》中記載的禁行事項看遼代社會生活，閆獻冰，文物鑒定與鑒賞，2018 年第 16 期。

2084. 由宋使行程錄初探遼代風俗，郎婷婷，現代語文（學術綜合版），2017 年第 11 期。

2085. 從《奉使契丹二十八首》中看遼代社會生活，吳瓊，黑河學刊，2018 年第 2 期。

2086. 《松漠紀聞》中的東北民俗，楊歡、宋娟，名作欣賞，2020 年第 15 期。

2087. 源於契丹的達斡爾族民俗，康健、傅惟光，理論觀察，2016 年第 1 期。

2088. 民族融合視野下的遼代燕雲地區民俗研究，王陽，內蒙古科技大學包頭師範學院碩士學位論文，2020 年。

2089. 遼金時期西京的民俗變遷，李美榮，太原師範學院學報（社會科學版），2017 年第 4 期。

2090. 遼金時期西京民俗文化研究，王景嬌，中國民族博覽，2019 年第 10 期。

2091. 遼代倫理教化的方式及作用探析，孫凌晨、羅丹丹，學術交流，2016 年第 11 期。

2092. 契丹遼社會風俗習慣對當今赤峰地區的影響，閆獻冰，文物鑒定與鑒賞，2020 年第 16 期。

2093. 契丹人的游牧營地初探，谷嶠，博物館研究，2017 年第 4 期。

2094. 契丹祭祀禮俗述論，李哲，白城師範學院學報，2017 年第 9 期。

2095. 多元民族文化影響下的三國故事體系考察——以桃園三結義與契丹青牛白馬祭天地為中心，楊波、史小軍，文化遺產，2018 年第 2 期。

2096. 契丹人「尚武」精神研究，李碧瑤，中國社會科學報，2018 年 7 月 5 日第 7 版。

2097. 遼代節日的文化因素分析，李春雷、李榮輝，地域文化研究，2019 年第 3 期。

2098. 契丹族的生育習俗，王偉、夏晨光，文物鑒定與鑒賞，2018 年第 8 期。

2099. 遼代契丹人的子嗣觀，鞠賀，遼寧工程技術大學學報（社會科學版），2017 年第 6 期。

2100. 融合與認同：遼金崇孝風氣探析，孔維京，遼寧工程技術大學學報（社會科學版），2017 年第 5 期。

2101. 古代蒙古人、契丹人的「唾」習俗，羅瑋，契丹學研究（第一輯），商務印書館，2019 年。

2102. 談契丹人的狩獵在制度、文化諸方面的反映，林立新，文物鑒定與鑒賞，2020 年第 7 期。

2103. 由遼墓壁畫看遼代的漁獵活動，賈秀梅，東方收藏，2020 年第 12 期。

2104. 古代海東青多重文化象徵略議，孫立梅，白城師範學院學報，2019 年第 5 期。

2105. 「海東青」之「海東」辨疑，聶傳平，中國社會科學報，2020 年 3 月 12 日第 6 版。

2106. 遼代鑿冰捕魚考述，沙大禹，文物鑒定與鑒賞，2016 年第 3 期。

2107. 遼代射柳活動考述，姚慶，寧波大學學報（人文科學版），2017 年第 6 期。

2108. 「骨咄」新考——對內陸亞洲物質交流的一個考察，邱軼皓，社會科學戰線，2018 年第 2 期。

2109. 動物與遼代契丹族社會生活關係探析，閆獻冰，赤峰學院學報（漢文哲學社會科學版），2020 年第 1 期。

2110. 鹽裹聘狸奴　猧子綵絲牽——遼金墓葬壁畫中的貓與狗，郭鳳，文物天地，2020 年第 9 期。

2111. 中國遼〔契丹〕における犬と人間との関係：文化史的立場から，潘小寧，大手前大學論集（18），2017 年。

2112. 淺議鹿與契丹社會，李智裕，遼金歷史與考古（第九輯），科學出版社，2018 年。

2113. 小議遼代髡髮——以遼墓壁畫為線索，侯妍文，工業設計，2016 年第 6 期。

2114. 遼代契丹婦女的「佛妝」，秦博，內蒙古民族大學學報（社會科學版），2016 年第 2 期。

2115. 遼朝契丹族喪葬習俗探析，張懿燚，才智，2016 年第 26 期。

2116. 契丹人貴族階層における追薦（アジアの死と鎮魂・追善；臨終・死の儀禮と遺體），藤原崇人，アジア遊學（245），2020 年 3 月。

2117. 遼代墓棺初探，林棟，赤峰學院學報（漢文哲學社會科學版），2020 年第 8 期。

2118. 從遼代琉璃棺分析大同地區葬式特徵，賈霞，文物天地，2020 年第 9 期。

2119. 從真容偶像看佛教對遼代喪葬習俗的影響，于博，北方文物，2018 年第 2 期。

2120. 北方地區戰國至遼「金飾墓主現象」研究，辛欣，西北師範大學碩士學位論文，2020 年。

2121. 遼代防腐方法芻議，裴玲玲，文學少年，2020 年第 21 期。

2122. 遼代葬俗中金屬面具與網絡的考古學分析，張景明、張傑，宋史研究論叢（第 26 輯），科學出版社，2020 年。

2123. 當契丹風尚遇上大漢氣象——內蒙古遼代葬具與揚州地區漢代葬具對比賞析，宗蘇琴，中國文物報，2016 年 5 月 3 日第 5 版。

2124. 從墓葬資料看遼朝契丹族的社會生活，楊丹丹，雲南大學碩士學位論文，2017 年。

2125. 遼金時的休閒活動：雙陸，林航，文史天地，2016 年第 9 期。

2126. 契丹族的遊藝活動（上），李悅，東方收藏，2020 年第 13 期。

2127. 契丹族的遊藝活動（下），李悅，東方收藏，2020 年第 15 期。

2128. 遼代遊戲——雙陸，李悅，文物鑒定與鑒賞，2020 年第 7 期。

2129. 淺談遼代的娛樂活動——從朝陽遼常遵化墓出土的圍棋說起，周穎，大連城市歷史文化研究（第 1 輯），萬卷出版公司，2017 年。

2130. 「魚龍曼衍之戲」芻議，史振宇，赤峰學院學報（漢文哲學社會科學版），2020 年第 7 期。

2131. 從遼墓出土青白釉香爐看遼代焚香習俗，顧亞麗，草原文物，2017 年第 2 期。

2132. 金代社會習俗研究，王姝，吉林化工學院學報，2016 年第 10 期。

2133. 金代教化問題研究，孫凌晨，吉林大學博士學位論文，2018 年。

2134. 金代射柳文化考述，孫連娣，石家莊鐵道大學學報（社會科學版），2018 年第 2 期。

2135. 金代女真族騎射活動的衰落，張玉強，遼寧工程技術大學學報（社會科學版），2017 年第 3 期。

2136. 芻議金代女真人尚武精神，張兆龍、劉德軍、王獻升、覃盛棟、王斌，新西部，2017 年第 28 期。

2137. 試論金代政治與孝文化，賈淑榮、常寧，內蒙古民族大學學報（社會科學版），2017 年第 5 期。

2138. 金代孝文化發展特點探析，趙永春、劉月，黑龍江民族叢刊，2019 年第 3 期。

2139. 金朝孝文化與社會和諧關係淺析，李世玉，蘭州教育學院學報，2019 年第 1 期。

2140. 略論十到十二世紀女真與党項的「髡髮」習俗，王硯淇，青年文學家，2019 年第 32 期。

2141. 淺析金國少數民族包裝設計的特點，李亞蘭，知音勵志，2017 年第 2 期。

2142. 金代女真貴族葬俗漢化分析，孫志鑫，知識文庫，2020 年第 4 期。

2143. 金代婦女喪葬禮俗考論——以夫婦合葬禮俗為研究中心，王姝，社會科學戰線，2016 年第 10 期。

（三）姓氏、婚姻、家庭、家族與宗族

2144. 遼朝「人名」視域下的文化映像——以石刻文字為中心，張國慶，地域文化研究，2018 年第 5 期。

2145. 遼朝「人名」視域下的文化映像——以石刻文字為中心，張國慶，遼金史論集（第十七輯），中國社會科學出版社，2019 年。

2146. 關於遼代外戚漢姓蕭氏由來問題的探討，都興智，地域文化研究，2018 年第 3 期。

2147. 遼代的宗族字輩與排行，王善軍，遼金史論集（第十七輯），中國社會科學出版社，2019 年。

2148. 遼代的宗族字輩與排行，王善軍，安徽史學，2019 年第 1 期。

2149. 遼代的婚姻習俗及文化內涵探析，張敏，學理論，2016 年第 2 期。

2150. 墓誌所見遼代女性婚姻問題的研究，張曉昂，遼寧師範大學碩士學位論文，2019 年。

2151. 遼代契丹女性婚姻問題述論，李蕊怡，山東農業大學學報（社會科學版），2020 年第 2 期。

2152. 遼朝近親婚配探究，袁成，佳木斯大學社會科學學報，2019 年第 1 期。

2153. 遼朝政治婚姻中的「賜婚」現象——以石刻文字為中心，張國慶，遼金歷史與考古（第十輯），科學出版社，2019 年。

2154. 淺析遼代契丹族的通婚狀況，高明英，佳木斯職業學院學報，2017 年第 7 期。

2155. 「契漢聯姻」：遼代玉田韓氏婚姻考論，蔣金玲，史學集刊，2020 年第 5 期。

2156. 遼代族際婚試探，王善軍，史學集刊，2020 年第 6 期。

2157. 遼代契漢通婚的態勢與影響略論，常志永，蘭州學刊，2018 年第 11 期。

2158. 遼代契丹家庭淺論——以漢文石刻資料為中心，陳鵬、高雲松，黑龍江民族叢刊，2016 年第 4 期。

2159. 遼代契丹人家庭承祧問題研究，胡慧超，內蒙古大學碩士學位論文，2020 年。

2160. 遼金女真的「家」與家庭形態——以《金史》用語為中心，孫昊，契丹學研究（第一輯），商務印書館，2019 年。

2161. 遼朝的夫婦之道，張敏，遼寧工程技術大學學報（社會科學版），2016 年第 1 期。

2162. 遼宋金重要家族基因譜系的歷史人類學解析，王暹早，復旦大學博士學位論文，2019 年。

2163. 歷史書寫與族群整合：《遼史》中阿保機家族史敘事分析，鐵顏顏，中國邊疆學（第十三輯），社會科學文獻出版社，2020 年。

2164. 阜新地區的遼代皇族，李麗新、劉梓，遼金歷史與考古（第十一輯），科學出版社，2020 年。

2165. 遼代後族與頭下軍州淺析，陶莎、孫偉祥，黑龍江民族叢刊，2016 年第 1 期。

2166. 遼朝後族世系問題研究，史風春，遼金史論集（第十六輯），黑龍江人民出版社，2017 年。

2167. 淺析後族與遼朝中期社會發展關係，孫偉祥，宋史研究論叢（第 23 輯），科學出版社，2018 年。

2168. 遼代外戚的族帳房次問題再探討，都興智，遼金歷史與考古（第十一輯），科學出版社，2020 年。

2169. 遼朝耶律倍家族探究，李宇明，渤海大學碩士學位論文，2017 年。

2170. 耶律倍家族及其文化對遼海地區的影響，李宇明，遼寧工程技術大學學報（社會科學版），2016 年第 1 期。

2171. 遼聖宗時期剌只撒古魯家族權力的變化，鍾宇強，遼寧工程技術大學學報（社會科學版），2018 年第 2 期。

2172. 遼代剌只撒古魯家族興衰研究，鍾宇強，哈爾濱師範大學碩士學位論文，2018 年。

2173. 遼代耶律仁先家族研究，姜洪軍、張振軍、楊旭東，北方民族考古研究（第七輯），科學出版社，2019 年。

2174. 遼朝國舅別部四題，鞠賀，齊齊哈爾大學學報（哲學社會科學版），2017 年第 3 期。

2175. 關於蕭排押家族的兩個問題，都興智，遼金歷史與考古（第十輯），科學出版社，2019 年。

2176. 遼代興中府的世家大族——以朝陽地區紀年墓葬為中心，汪妮，遼寧工程技術大學學報（社會科學版），2016 年第 2 期。

2177. 遼朝名門——王處直家族，李道新，遼寧省博物館館刊（2017），遼海出版社，2018 年。

2178. 契丹政權建立初期的玉田韓氏家族研究，蘇宇宸，天津師範大學碩士學位論文，2017 年。

2179. 皇權支配下遼代漢人權貴家族的命運演變——以韓知古家族為例，洪嘉璐，赤峰學院學報（漢文哲學社會科學版），2016 年第 4 期。

2180. 遼代韓知古家族成員的壽命及影響因素，馬昊，遼寧工程技術大學學報（社會科學版），2018 年第 3 期。

2181. 契丹早期軍功世家的考察——以王郁家族為例，徐世康，歷史教學問題，2016 年第 6 期。

2182. 遼朝名門——霸州耿氏家族，李道新，遼金歷史與考古（第八輯），科學出版社，2017 年。

2183. 試析遼代耿崇美家族的沙陀血統，齊偉、都惜青，遼金史論集（第十六輯），黑龍江人民出版社，2017 年。

2184. 遼代張儉家族研究，張超，吉林大學碩士學位論文，2019 年。

2185. 遼金時期劉仁恭家族研究，陸旭超，吉林大學碩士學位論文，2020 年。

2186. 遼朝劉仁恭家族社會地位探析——以劉氏家族墓誌為中心，郝艾利、陸旭超，渤海大學學報（哲學社會科學版），2019 年第 3 期。

2187. 遼代康默記家族粟特族屬考論，辛蔚，契丹學研究（第一輯），商務印書館，2019 年。

2188. 遼金時期魯谷呂氏家族研究，于桐，吉林大學碩士學位論文，2019 年。

2189. 略論遼金時期東京渤海遺民高氏家族——以高模翰家族為中心，李智裕、苗霖霖，遼金歷史與考古（第十輯），科學出版社，2019 年。

2190. 技藝、血緣、信仰：房山石經文獻所見遼代幽州石刻刻工家族，管仲樂，南京藝術學院學報（美術與設計），2019 年第 5 期。

2191. 河北宣化張氏家族研究，郝艾利，吉林大學碩士學位論文，2017 年。

2192. 女真姓名風俗考，李學成，黑龍江民族叢刊，2016 年第 3 期。

2193. 金上京路姓氏、婚姻家庭及人口，孫文政，理論觀察，2019 年第 4 期。

2194. 唐括異名考辨，陳岑，西夏學（第二十一輯），甘肅文化出版社，2020 年。

2195. 金代題署特徵研究，馮利營，遼寧師範大學碩士學位論文，2020 年。

2196. 《金史》所見「富者」考，高美，哈爾濱學院學報，2019 年第 3 期。

2197. 「崇儒重道」之策下金朝婚姻習慣法的演進與調適，楊琳，北方文物，2017 年第 2 期。

2198. 女真人婚姻習俗的歷史演變，賈淑榮，內蒙古社會科學（漢文版），2017 年第 6 期。

2199. 試論女真人的婚喪禮俗，徐潔、劉曉丹，白城師範學院學報，2020 年第 4 期。

2200. 金朝婚禮文化與尊老孝親觀念，趙永春、趙麗，地域文化研究，2018 年第 5 期。

2201. 金元之際女真、漢人族際通婚研究，閆興潘，遼金史論集（第十五輯），科學出版社，2017 年。

2202. 文化融合與金代「後不娶庶族」婚姻舊制之崩壞──以章宗和宣宗立皇后事件為中心，閆興潘，江西社會科學，2017 年第 1 期。

2203. 論金代進士的婚戀觀──科舉制度下金代文人的社會心態（三），裴興榮，北方文物，2017 年第 4 期。

2204. 金代渤海世家及其與金朝皇族的聯姻，孫煒冉，博物館研究，2016 年第 4 期。

2205. 女真完顏家族的崛起，李秀蓮，哈爾濱學院學報，2018 年第 3 期。

2206. 金代貞懿皇后家族興衰考，彭贊超，中國社會科學報，2017 年 5 月 25 日第 8 版。

2207. 紇石烈氏與金代政局，劉碩，吉林大學碩士學位論文，2019 年。

2208. 金代唐括氏家族的婚姻與仕宦探析，高美，遼寧師範大學碩士學位論文，2019 年。

2209. 金代唐括安禮家族考釋，高美，佳木斯大學社會科學學報，2019 年第 1 期。

2210. 試析渤海世族家族與金朝皇權統治，苗霖霖，遼金歷史與考古（第七輯），遼寧教育出版社，2017 年。

2211. 金代臨潢楊氏家族考述，王新英，內蒙古民族大學學報（社會科學版），2016 年第 4 期。

2212. 論金代劉彥宗家族，劉碩，長江叢刊，2017 年第 33 期。

2213. 金代與南宋府州折氏後裔匯考，鄧文韜，陝北歷史文化暨宋代府州折家將歷史文化學術研討會論文集，陝西人民出版社，2016 年。

2214. 金代與南宋府州折氏後裔匯考，鄧文韜，西夏學（第十二輯），甘肅文化出版社，2016 年。

2215. 金元汪古馬氏家族先祖史的書寫與認同，馬曉林，文史，2018 年第 4 期。

2216. 耶律楚材家族與蘇學的關聯，賈秀云，蘇州科技大學學報（社會科學版），2019 年第 4 期。

2217. 論金元時期耶律楚材家族的尷尬處境及文學表達，和談，人文論叢，2020 年第 1 期。

2218. 13 至 14 世紀「宗派之圖」碑與北方漢人宗族的復興——以魯中山地的軍功家族為中心，周曉冀，青海民族研究，2017 年第 1 期。

2219. 金元交替華北地方家族及其在元代的發展——以河南鞏縣張氏家族為例，于磊，中國社會歷史評論（第 18 卷），天津古籍出版社，2017 年。

2220. 金元時期易州敬氏家族考述，張國旺，中國史研究，2020 年第 4 期。

2221. 遊仙寺石碑中的高平李家，李競揚，中國文化遺產，2017 年第 5 期。

2222. 從金元到明清：山西漢人世侯家族研究，裴孟華，山西大學碩士學位論文，2018 年。

2223. 金元陵川文化的繁榮——以郝氏家族為中心，姬若琳，晉城職業技術學院學報，2019 年第 5 期。

2224. 淺談宋金元時期的臨猗陳氏家族，文紅武，文物世界，2018 年第 2 期。

2225. 金元以來曲沃靳氏宗族的歷史建構及其實踐，高婧，山西大學碩士學位論文，2016 年。

2226. 超越真假：元清兩代河津干潤史氏宗族的歷史建構——兼論金元以來華北宗族史研究的開展，張俊峰、裴孟華，史林，2017 年第 6 期。

（四）女性

2227. 遼代契丹女性形象研究，袁昭昭，西北民族大學碩士學位論文，2018 年。

2228. 遼代女性的社會關係探究，張敏，赤峰學院學報（漢文哲學社會科學版），2018 年第 8 期。

2229. 庫倫旗奈林稿 1 號、6 號墓壁畫中女性形象分析，文菱，赤峰學院學報（漢文哲學社會科學版），2019 年第 6 期。

2230. 以石刻資料為中心看遼代女性教化問題，劉曉飛，遼寧師範大學學報（社會科學版），2019 年第 6 期。

2231. 宋遼金孝子圖所表現的女性形象，程郁，宋史研究論叢（第 24 輯），科學出版社，2019 年。

2232. 遼代女性的犯罪問題研究，張敏，赤峰學院學報（漢文哲學社會科學版），2016 年第 8 期。

2233. 從石刻看遼代平民階級女性崇佛情況，吳瓊，赤峰學院學報（漢文哲學社會科學版），2016 年第 7 期。

2234. 契丹文化中的母性崇拜探析，張敏，蘭臺世界，2016 年第 3 期。

2235. 宋金遼西夏時期的女性參政情況初探，王茜，吉林人大，2018 年第 5 期。

2236. 論遼代契丹族后妃、公主的婚戀觀，鞠賀，白城師範學院學報，2016 年第 7 期。

2237. 契丹后妃參政原因探析，鞠賀，黑河學院學報，2016 年第 4 期。

2238. 阜新地區遼代後族女性的政治影響，劉梓、李麗新，遼寧工程技術大學學報（社會科學版），2017 年第 3 期。

2239. 遼代契丹族女性文人創作的政治意識，尹曉琳、沈玲，長春理工大學學報（社會科學版），2017 年第 5 期。

2240. 宋遼金時期女子的化妝文化與消費，徐金翠，長春日報，2018 年 3 月 13 日第 7 版。

2241. 金代婦女經濟生活來源考論，王姝，社會科學戰線，2020 年第 4 期。

2242. 金朝女性諡號考，苗霖霖，遼金史論集（第十七輯），中國社會科學出版社，2019 年。

2243. 金代室內陳設中的女性元素表達，張藝霏、鄧博妍，美術大觀，2020 年第 8 期。

2244. 從元雜劇《詐妮子調風月》看金朝的下層女性形象，李曉媛，職大學報，2020 年第 2 期。

（五）捺缽

2245. 遼代捺缽三題，楊軍，史學集刊，2016 年第 3 期。

2246. 遼代捺缽考，楊軍、王成名，安徽史學，2017 年第 2 期。

2247. 契丹捺缽制度重審——《遼史·營衛志·行營》探源，苗潤博，中華文史論叢，2020 年第 1 期。

2248. 四時捺缽 行走的契丹王朝，陳嘉臻，中華遺產，2017 年第 3 期。

2249. 契丹族四時捺缽制度及其影響，王偉，文物鑒定與鑒賞，2019 年第 10 期。

2250. 遼代捺缽制度探析，閆成、姜旭，理論觀察，2019 年第 6 期。

2251. 淺探遼代捺缽制度及其形成與層次，葛華廷，遼金歷史與考古（第十輯），科學出版社，2019 年。

2252. 捺缽與政治，劉英、陳佳臻，中學歷史教學參考，2017 年第 5 期。

2253. 四時捺缽在遼代政治上的作用，張敏，赤峰學院學報（漢文哲學社會科學版），2017 年第 11 期。

2254. 捺缽與行國政治中心論——遼初「四樓」問題真相發覆，陳曉偉，歷史研究，2016 年第 6 期。

2255. 捺缽與行國政治中心論——遼初「四樓」問題真相發覆，陳曉偉，十至十三世紀東亞史的新可能性：首屆中日青年學者遼宋西夏金元史研討會論文集，中西書局，2018 年。

2256. 遼代游牧行營景觀的空間布局及人地關係特點解析，劉文卿、劉大平，中國園林，2020 年第 1 期。

2257. 人地關係視角下的遼代四時捺缽再探討，王征，赤峰學院學報（漢文哲學社會科學版），2019 年第 1 期。

2258. 地理環境與契丹人四時捺缽，夏宇旭，遼金史論集（第十四輯），中國社會科學出版社，2016 年。

2259. 自然理念對遼代四時捺缽的影響，張敏，赤峰學院學報（漢文哲學社會科學版），2017 年第 12 期。

2260. 考古學視閾下的遼代捺缽制度研究，路辰，山東理工大學學報（社會科學版），2018 年第 4 期。

2261. 遼代捺缽研究中圖像資料的價值與局限性，張敏，保定學院學報，2018 年第 3 期。

2262. 談契丹四時捺缽研究中圖像資料的運用，張敏，唐山師範學院學報，2018 年第 1 期。

2263. 文化的遷徙：在遼代墓室壁畫中體悟捺缽文化，岳佳楠，東北師範大學碩士學位論文，2016 年。

2264. 契丹遼王朝四時捺缽述略，楊淑敏，收藏與投資，2020 年第 11 期。

2265. 遼代四時捺缽的文體活動，王曉穎，金顏永畫：康平遼代契丹貴族墓專題，北京聯合出版公司，2019 年。

2266. 捺缽と法會——道宗朝を中心に，藤原崇人，唐代史研究（第 20 號），（日本）唐代史研究會，2017 年。

2267. 遼代的春捺缽，孔令海、王可航、韓世明，吉林畫報，2016 年第 12 期。

2268. 遼代諸帝春捺缽地略考，高福順、梁維，赤峰學院學報（漢文哲學社會科學版），2018 年第 3 期。

2269. 回望白城史　講述「春捺缽」，宋德輝、畢瑋琳、戈馳川、于凝，吉林日報，2016 年 12 月 10 日第 4 版。

2270. 春捺缽與遼朝政治——以長春州、魚兒泊為視角的考察，武玉環，遼金史論集（第十四輯），中國社會科學出版社，2016 年。

2271. 遼代春捺缽研究，梁維，吉林大學博士學位論文，2020 年。

2272. 遼代春捺缽路線考論，梁維，史學集刊，2019 年第 3 期。

2273. 遼代「春捺缽」的制度文化內涵，梁維，中國社會科學報，2017 年 6 月 13 日第 7 版。

2274. 遼朝的春捺缽與「貴主」借貸，肖愛民，遼金史論集（第十四輯），中國社會科學出版社，2016 年。

2275. 遼代皇帝春捺缽與鱘魚，都興智，遼金史論集（第十四輯），中國社會科學出版社，2016 年。

2276. 遼代春捺缽遺跡調查與思考，張富有，遼金史論集（第十四輯），中國社會科學出版社，2016 年。

2277. 吉林省白城境內遼代春捺缽地理位置考，宋德輝，遼金史論集（第十四輯），中國社會科學出版社，2016 年。

2278. 遼代夏捺缽諸問題研究，張丹，長春師範大學碩士學位論文，2017 年。

2279. 遼代秋捺缽諸問題研究，石森，長春師範大學碩士學位論文，2017 年。

2280. 遼代冬捺缽的地點與路線考，胡迪，中國社會科學報，2019 年 10 月 30 日第 8 版。

2281. 捺缽文化傳承與發展——以金中都行宮建設試析捺缽文化的傳承與發展，齊心，遼金史論集（第十四輯），中國社會科學出版社，2016 年。

2282. 莫力街，是金朝皇帝春捺缽之地嗎？陳士平，東北史研究，2016 年第 1 期。

2283. 金世宗、章宗唐山地區「春水」小考，劉永海、武善忠，唐山師範學院學報，2016 年第 1 期。

2284. 金蓮川在金世宗時期的行宮地位，宋立恒、遲浩然、陳昭慧，中國古都研究（第三十三輯），陝西師範大學出版社，2017 年。

2285. 金代帝王在中都的休閒生活，吳承忠、吾麗迪爾、于克寒，人文天下，2017 年第 20 期。

（六）衣食住行

2286. 遼夏金時期服飾紋樣研究，劉嘉琪，吉林藝術學院碩士學位論文，2017 年。

2287. 遼宋金元時期文姬歸漢主題繪畫服飾研究，李國錦，北京服裝學院碩士學位論文，2018 年。

2288. 遼代服飾制度考，孫文政，北方文物，2019 年第 4 期。

2289. 民族文化交融的印證——契丹古墓考古發掘服裝細節問題分析，馮憲，科學生活，2018 年第 7 期。

2290. 遼代服飾制度下的契丹服飾，李艾琳，哈爾濱師範大學碩士學位論文，2016 年。

2291. 契丹族服飾淺析，李亞潔、潘鵬羽、魯曉隆，西部皮革，2020 年第 1 期。

2292. 以契丹為例談 10～13 世紀北方游牧民族服飾風格，吳愛琴，華夏考古，2020 年第 5 期。

2293. 以靴、帽為例談融合背景下遼代游牧民族服飾特徵，曹欣欣，西部皮革，2020 年第 9 期。

2294. 契丹族服飾元素研究，王澤行，新絲路（上旬），2019 年第 11 期。

2295. 遼代織物紋樣圖案在契丹服飾上的應用，李亞潔，美與時代（上），2017 年第 5 期。

2296. 淺析遼金時期的帝後服飾，劉傑，服裝設計師，2020 年第 12 期。

2297. 遼代契丹官服中的中原因素探究，王麗媛，赤峰學院學報（漢文哲學社會科學版），2017 年第 2 期。

2298. 契丹族與漢族服飾文化的融合探析，李素靜，遺產與保護研究，2017 年第 7 期。

2299. 淺析遼代軍戎服飾，林麗群，長江叢刊‧文學理論，2016 年第 10 期。

2300. 遼代服飾研究：以東北地區遼墓壁畫為中心，孫娟娟，東北師範大學碩士學位論文，2016 年。

2301. 契丹輿服の考古學研究：遼墓の壁畫を中心にして，王達來，龍谷大學博士學位論文，2018 年。

2302. 淺談遼代「T」形項飾的藝術美，涂蘇婷，活力，2019 年第 4 期。

2303. 遼中京地區墓葬壁畫人物服飾解析，王春燕，內蒙古師範大學學報（哲學社會科學版），2020 年第 6 期。

2304. 試析遼墓壁畫人物的服飾——以陳國公主駙馬合葬墓為例，張曉猛、賈淑榮，服裝設計師，2020 年第 2、3 期合刊。

2305. 遼代墓室壁畫散樂圖的服飾文化特色，伍英鷹，裝飾，2017 年第 7 期。

2306. 遼墓壁畫人物服飾探析——以大同地區發掘墓葬為例，韓心濟，文物世界，2017 年第 1 期。

2307. 禁絕與超越——淺析宋遼歷史語境下的胡服「弔敦」，張玲，時尚設計與工程，2016 年第 3 期。

2308. 宋遼夏官帽、帝師黑帽、活佛轉世與法統正朔（上）——藏傳佛教噶瑪噶舉上師黑帽來源考，謝繼勝、才讓卓瑪，故宮博物院院刊，2020 年第 6 期。

2309. 宋遼夏官帽、帝師黑帽、活佛轉世與法統正朔（下）——藏傳佛教噶瑪噶舉上師黑帽來源考，謝繼勝、才讓卓瑪，故宮博物院院刊，2020 年第 7 期。

2310. 東西文化交融視野下的遼代耳飾研究，常樂，南方文物，2020 年第 2 期。

2311. 遼代陳國公主墓出土佩飾中的「盛香器」研究，鄧莉麗、陳錫玲，美術學報，2020 年第 6 期。

2312. 遼代帶具研究——以陳國公主墓出土帶具為中心，孫兵，中央美術學院碩士學位論文，2016 年。

2313. 遼代帶具初探，侯璠，吉林大學碩士學位論文，2018 年。

2314. 遼代帶飾研究，李霞，內蒙古大學碩士學位論文，2019 年。

2315. 內蒙古地區出土遼代蹀躞帶考，趙曉峰、李永潔，赤峰學院學報（漢文哲學社會科學版），2019 年第 4 期。

2316. 遼代玉帶淺析，蘇妮，赤峰學院學報（漢文哲學社會科學版），2016 年第 2 期。

2317. 遼代鞋靴研究，張小明，內蒙古大學碩士學位論文，2017 年。

2318. 契丹人耳飾漫談，張興國、于靜波，收藏與投資，2016 年第 10 期。

2319. 遼代的飲食文化，張思萌，赤峰學院學報（漢文哲學社會科學版），2019 年第 9 期。

2320. 遼代宮廷三大宴，蕭慎，飲食與健康（下旬刊），2019 年第 4 期。

2321. 遼朝帝王的宴飲活動，周潔，朔方論叢（第五輯），內蒙古大學出版社，2016 年。

2322. 契丹民族飲食習俗探究——以朝陽地區出土的遼代文物為例，王冬冬，遼金歷史與考古（第九輯），科學出版社，2018 年。

2323. 從墓葬壁畫看遼金大同地區飲食文化，王利霞，文物天地，2020 年第 7 期。

2324. 從《奉使遼金行程錄》看遼代飲食用具，張欣怡，文物鑒定與鑒賞，2019 年第 20 期。

2325. 契丹人發明了火鍋，張昕，遼寧日報，2018 年 8 月 16 日 T18 版。

2326. 契丹飲茶與茶具，趙淑霞，赤峰學院學報（漢文哲學社會科學版），2019 年第 6 期。

2327. 中原茶文化對契丹飲茶習俗的影響，胡畔，赤峰學院學報（漢文哲學社會科學版），2018 年第 9 期。

2328. 從宣化遼墓《備茶圖》觀契丹人飲茶之風尚，武婷、王赫德，長江叢刊，2017 年第 7 期。

2329. 遼代茶具初探，張睿龍，內蒙古大學碩士學位論文，2016 年。

2330. 許從贇墓出土整盤及相關問題研究，白月，文物天地，2020 年第 9 期。

2331. 遼代酒器造型研究，佟月，內蒙古大學碩士學位論文，2019 年。

2332. 遼代契丹人酒器造型探究，佟月，明日風尚，2018 年第 18 期。

2333. 遼代酒與人們的社會生活，高勁松、張瓊、彭志才，地方文化研究，2017 年第 4 期。

2334. 遼代酒具研究，王勤孝，內蒙古大學碩士學位論文，2017 年。

2335. 大同地區遼金墓葬出土酒具類型分析，劉貴斌，文物天地，2020 年第 9 期。

2336. 契丹酒文化芻論，陶文芳，文學少年，2020 年第 10 期

2337. 遼代家具設計的特點及其對後世的影響，湯超、曾分良，藝術工作，2016 年第 6 期。

2338. 宋遼金屏風研究——以考古材料為中心，賈名傑，鄭州大學碩士學位論文，2016 年。

2339. 內蒙古遼墓壁畫所見生活器物研究，特日格樂，內蒙古大學碩士學位論文，2018 年。

2340. 鞍馬造型藝術與古代游牧民族——以遼金元時期為中心，王春豔，內蒙古大學碩士學位論文，2017 年。

2341. 契丹駝車の考古學研究：遼墓の壁畫を中心にして，王達來，中國考古學（17），2017 年 12 月。

2342. 契丹車輿史考論，劉煒珏，雲南大學碩士學位論文，2016 年。

2343. 遼代契丹車制研究，張海豔，赤峰學院學報（漢文哲學社會科學版），2016 年第 10 期。

2344. 遼代車馬儀仗研究——以出土文物為中心，馬宏濱，大連大學碩士學位論文，2020 年。

2345. 遼代馬具飾探索，包玉良，內蒙古師範大學碩士學位論文，2018 年。

2346. 內蒙古地區遼代墓葬出土馬具及其文化因素構成，王馨瑤，長江叢刊，2017 年第 23 期。

2347. 「契丹鞍」造型設計研究，王赫德、李正安，包裝工程，2020 年第 6 期。

2348. 金代女真族服飾文化發展探析，關璐瑩，考試週刊，2019 年第 11 期。

2349. 金代女真人服飾變化研究，孫志鑫，赤子，2019 年第 28 期。

2350. 試探金朝女真男性貴族、官員服飾的分化和演變，張宸，服裝設計師，2020 年第 2、3 期合刊。

2351. 試析文化交融下的金代女性服飾，楊美玉，服裝設計師，2020 年第 2、3 期合刊。

2352. 金代女性服飾研究，杜雪，北京服裝學院碩士學位論文，2018 年。

2353. 金代女真族女性服飾對漢族女性服飾的影響，杜雪、謝靜，設計，2018 年第 19 期。

2354. 金代祭服略論，劉小玉，服裝設計師，2020 年第 2、3 期合刊。

2355. 金代吏員服飾淺探，王雷，遼金歷史與考古（第十輯），科學出版社，2019 年。

2356. 金上京護國林神像——貴族服飾特點及和陵、胡凱山方位考，趙評春，藝術設計研究，2019 年第 4 期。

2357. 齊國王墓出土冠服研究，趙昕，文物天地，2018 年第 9 期。

2358. 「深簷胡帽」：一種女真帽式盛衰變異背後的族群與文化變遷，張佳，故宮博物院院刊，2019 年第 2 期。

2359. 金代山西地區佛寺壁畫中佛服飾的研究，梁錦，山西大學碩士學位論文，2016 年。

2360. 晉南金墓磚雕圖案上的樂舞伎服飾研究，張慧，湖北文理學院學報，2018 年第 4 期。

2361. 金代飲食生活研究，黃甜，西北大學博士學位論文，2016 年。

2362. 金代的飲食文化，可景洋，長江叢刊，2017 年第 2 期。

2363. 從《宣和乙巳奉使金國行程錄》看金代飲食習俗，任永幸，白城師範學院學報，2019 年第 5 期。

2364. 遷都燕京後中原文化對金代飲食結構的影響，李思宇，遼寧工程技術大學學報（社會科學版），2018 年第 2 期。

2365. Z. Zhu C. Yu W. Luo Y. Miao Z. Lu L. Liu J. Yang, Accurate identification of the pastry contained in a ceramic pot excavated from Jurou Li's grave from the Jin dynasty（1115～1234 ce）in Xi'an, Shaanxi, China, *Archaeometry* Volume 62, Issue 1, 08 July 2019.

2366. 《金史》所見「海蔥」考，劉壯壯，農業考古，2018 年第 4 期。

2367. 金代墓葬壁畫中的飲食文化研究，黃甜，寧夏大學學報（人文社會科學版），2016 年第 5 期。

2368. 山西地區宋金時期茶盞研究，宋瀟，山西大學碩士學位論文，2020 年。

2369. 談金代的飲酒習俗，可景洋，旅遊縱覽（下半月），2017 年第 1 期。

2370. 淺析金代女真人的飲酒習俗，李思宇，明日風尚，2016 年第 18 期。

2371. 金代酒文化研究，李思宇，內蒙古民族大學碩士學位論文，2019 年。

2372. 金代女真人社會政治生活中酒文化分析，倪雪梅，赤子，2019 年第 1 期。

2373. 東北地區金代女真民居建築形制研究，李拓，東北師範大學碩士學位論文，2017 年。

2374. 金代家具美學特色研究，韓延兵，藝術品鑒，2019 年第 21 期。

2375. 金元時期晉北家具的形式特徵，閆彩傑、李瑞君，流行色，2019 年第 10 期。

2376. 金代墓葬裝飾中的家具圖像研究，牛婕，山西大學碩士學位論文，2020年。

2377. 早期交椅的一種特殊形制及其演變——以岩山寺壁畫中的一件交椅為例，萬煒，裝飾，2018 年第 2 期。

2378. 山西絳縣太陰寺金代法澍大椅研究，張志輝，文物，2020 年第 7 期。